忘れられた戦争の記憶

日本人と〝大東亜戦争〟

小幡 敏
OBATA HAYA

ビジネス社

序　民族の教科書

一　已むにやまれぬもの

日本人はこのような過去に対する観念、つまり歴史観は、ヨーロッパの歴史観とは全くちがう。正反対である。ヨーロッパ人は過去に対する批判がどうあろうと、ともかく歴史事実をそのまま認め、まずそれを、自分たちの父祖が体験したのと同じ立場に立って追体験しようと試みる。批判はそれからのことだ。（会田雄次『ヨーロッパ・ヒューマニズムの限界』）

世に本は多くある。あり過ぎるくらいにある。本屋に行けば、出しも出したり、本は山と積まれている。私も人並みには本を好むから時折本屋に足を運ぶが、ふと立ち止まると、はて、この内に書かれなければならなかった本は幾ばくもないのではないかと思うときがある。私もどうやら本を書く側に身を置くようになったから、先輩同業者に喧嘩を売るつもりで言うのではない。私が言いたいのは、書籍として世に問う価値があるか否かではなく、その本が已むにやまれず書かれたものなのか、そして、そういう本は存外に稀少なのではないか、ということである。

已むにやまれず書かれた本、それは一体何だろうか。時代を限らないのであれば、いくらでも挙げられる。アウグスティヌスの告白録のような信仰に関するものの多くはこれに列せられてよい。或いは、ドストエフスキーやトルストイが吐き出した作品たちは、スラヴ民族の澱んだ血が、彼らをして無理やりに書かせたものと言ってよいだろう。それを書かずにいるということは、彼らにとって思いもよらぬことだった。已むにやまれず、書いたのである。

では、日本においてはどうか。私の見識不足もあるだろうが、やや心許ないところがある。幕末の国体論や、明治に入っての近代化論に関しては、多少迫力がないでもない。少なくとも、身に迫るといった焦りは感じる。或いは、御し難い不安を。

しかしながら、その後の展開はどうであったか。たとえば、時代下ってプロレタリア文学の担い手たちが受けた迫害はそれなりに苛烈なものがあったけれど、彼らの遺した作品から、あえて挑発的に言うなら、歴史の要請、歴史の中を生きる日本人の宿命として書かれたという印象は受けない。それは恐らく、彼らが組み付いて離れなかった現実というものが、やや卑小な事実に留まったからであろうかと思う。彼らが癒そうとしたものは、腫瘍というよりはむしろ浮腫に過ぎなかったのではないか。生死を賭けた人間を愚弄するつもりはないが、子供の時分に多喜二の蟹工船を読んだ時から、その印象は変わらない。どうも、それが人間の、日本人の襞奥深くに分け入るものとは思えないのである。

そろそろ本題に入ってもよさそうだ。私が念頭に置いているのは、戦記である。それも、昭和に始まる戦争のそれだ。何故か。

戦記とひと口に言っても色々ある。まして、それまでの価値秩序がまったく顚倒してしまったあの戦争である。ただ露悪的に戦地における悪逆非道を告白するものもある。鼻息荒く武勇譚となるものもある。はたまた、徹頭徹尾記録に終始するものもある。種々雑多な戦記が戦後十数年、遅いもので二、三十年以上かけて雨後の筍のごとく出版されていった。しかるに、それらを渉猟するとき、その良質なる一群の戦記は、まさに已むにやまれず書かれたのだということがよく分かる。

優れた戦記、それはすべて、人間について書かれたものであると言ってよいだろう。戦闘の経過を追うもの、作戦の巧拙や戦略の妥当性を問うもの、それもまた、民族の記憶とすべきものであろうが、それは言わば公刊戦史の領分であり、防衛研修所戦史室編纂になる全百二巻の戦史叢書がその多くを担うはずである。

これに対し、戦争という暴流に翻弄されていた人間が書く戦記には、その個人の体験が思想前の思想として定着し得る余地がある。体験というものは思想にし得ないと言った者があったが、確かにそうだろう。凄絶な体験には、その思想化を軽薄に見せる迫力様なるものがある。体験は、体験のままに飲み下さねばなるまい。

だからこそ、私は戦記というものに惹かれる。篤実な人間によって書かれた戦記は、その多くが、書いた動機を著者自身の方で持て余している。何か、このままではいけない、薄れる記憶にまかせて忘れてはならない、戦友の顔が浮かぶ、末期の言葉が繰り返し去来する、今や彼らは何も語らないが、この私、今に生き永らえた私は、いったいどうして生き延びたのか。誰もがその現実にたじろぎ、戸惑いながら生きていた、そう思える。たとえば、こういう人がいた。

吉田軍曹は佐賀県の背振村に帰還してきました。（略）かしこくてきびきびして、明るくて、勇敢で、模範兵のなかの模範兵ということができました。死のひしめきを運よくくぐりぬけて、なつかしの山ふところの村、背振にかえりつき、老母がまもってきた田畑を耕すことになりました。貧しい農家ではありましたが、といってその日の糧に困るほどではなかったといいます。そのうち、となり村の農家の娘をめとり、げんきな子供をうみ、村の篤農家として、一見なごやかな朝夕を送っていました。そして十数年が経過しました。ある日、とつぜん、「なんの理由もなく」農薬をのんで自殺したのです。もちろん、遺言も遺書もありません。村のひとは、不思議なことよ、と首をかしげるだけです。
かれの未亡人は、毎年旧の正月になると、あたらしい餅をどっさり風呂敷につつんで、おんぼろバスにゆられて里へ降りてきます。むかし上官であった私に、餅をふるまうというのです。そして、帰りしなに一度はつぶやくのです、「どうして死にんさったか、ちっともわからん」。（丸山豊『月白の道』）

著者の丸山は言う、「ふっとこの世にさよならをした吉田軍曹の胸のうちが、私にはよくわかるような気がします」と。

よくわかる、そう言える人間はもうほとんど居ないはずだ。開戦から半世紀後に生まれた私でも齢三十を越え、真珠湾に火の手が上がってから今や八十年以上が過ぎ去った。戦争を〝生きた〟者は、人間の生物としての限界に淘汰されてしまった。だからこそ、せめて彼らが書かずにいられなかったものに向き合い、その声に耳を傾けるだけのことはしたい。

朝鮮に生まれて京城大学を出、ニューギニアで中隊生存率〇・三％（二百六十一名中ただの一人）という、スパルタ人さえも慄かせるであろう過酷な死線を潜って生還した尾川正二は言う。

私の関心は、依然として、戦争そのものと、戦争のなかの「人間」にある。戦争という嵐に巻きこまれたひとりの「人間」の運命にある。多くの人々の資料を借りながら、自然に偏向してゆくのをどうしようもなかった。風化しかけた「傷」を、時間を追いながら、ごしごしさらけ出してゆくのも、苦痛を加えた。「戦争」がとりついて、夜を眠らせないのである。それにもかかわらず、書かずにおれないもの、書いておかなくてはならぬものがある。（『野哭　ニューギニア戦記』）

このようにして血涙をもって書かれた記録、それは果たして、「だから戦争はするものじゃない」の一言で片づけて良いものだろうか。戦争、そんなものは美化できようはずがない。それを悪し様に言うだけで足れりとするのは、許されざる怠慢ではないのか。

毎年八月になると、『戦後〇〇年目の夏』という言葉が溢れる。中には真剣なものもあるが、大半はポーズに過ぎない。トラックといえばぶうぶういって煙を吐く車でしかないだろう戦争を知らない子供たちが（トラック島は南太平洋における帝国海軍連合艦隊の一大拠点）、知ったような顔をして戦争も、軍隊も、ないまぜにして断罪している。こんなことを七十数回繰り返してきたのかと思うと、まったく、気が遠くなってくる。

そういう者たちを見るたび、言に触れるたび私は、「教師たちは天皇の〝御真影〟をおさめた奉安殿をつるはしでこわした。かつてそれに対する敬礼を忘れた生徒を殴りとばした教師が最も熱心につるはしを振り回しているのを私は見た。進駐して来た米軍兵士に片言の英語で阿諛したのも彼であった」（野呂邦暢『失われた兵士たち』）といったような敗戦直後の様子を思い浮かべる。そんなものがいったい、反省の名に値するであろうか。

先に引いた丸山は、その『月白の道』序文において、「この一冊によって私は私の戦後をむすぶ。戦争の理不尽を訴え、同時に戦場において極限にまで痛めつけられたヒューマニズムが、しかもなお美しく屹立していたことを語ったつもりである」と述べた。我々は、この事実の前に、彼らが想像に絶する戦争体験を通して辿り着いたその境地を前に、静かに耳を澄ますべきではないのか。

二　日本人にとっての戦争体験

思えば、日本人が挑んだ敵はあまりにも強大だった。試みに年鑑をあたる。紀元二千六百一年、すなわち開戦の年（一九四一年）の朝日年鑑を開く。昭和十五年の列国主力艦（航空母艦除く）、英米占めて九十万トン強に比して、独伊二十五万トン弱。これに数次に渡る軍縮で〝六割艦隊〟となった連合艦隊を加えても、その劣勢は蔽い難い。開戦前年には国家予算の実に三十七％を軍事につぎ込んでいた日本といえど、その軍容は英米蘭支濠、果てはソ連までも向こうに回して広大無辺の大陸大洋を支配し得るものではなかった。

或いは、生産力や富から見たらどうだろうか。少し遡って昭和九年の鉄鋼生産高、米国は日本の九・四倍を誇る。原油産出にいたっては、米国は日本の四百二十九倍に達する。昭和十三年の金保有量ときたら、実に百五十五倍である。

この二、三の要素だけでも、日本が英米相手に大立ち回りを演じることは、どだい無理な話だ。日本の挑戦が如何に無謀であったかは知れる。だが、それは必ずしも、愚かしい蛮勇と斬って捨てられるものではなかろう。軍部に睨まれながらも一貫して大陸進出政策に反対の立場を崩さなかった岩波茂雄でさえ、対英米開戦の報に触れた際は、遂にこの時来ると快哉を叫んだという。伊藤整もまた、開戦の日、次のように記していた。

我々は白人の第一級者と戦う外、世界一流人の自覚に立てない宿命を持っている。はじめて日本と日本人の姿の一つ一つの意味が現実態と限りないいとおしさで自分にわかって来た。（『太平洋戦争日記』）

ここにもまた、悲哀が生まれる源がある。日本人の歴史は、持たざる者の歴史であった。明治の開化の時分、既に世界の大半は欧米列強によって植民地となっていた。そこに黄色い肌の体軀貧弱な極東島国人種が割って入る、その困難は想像に難くない。何をするにも、上手くゆかないことばかりであったのは、歴史を少し繙けば分かることである。

中村草田男が「明治は遠くなりにけり」と慨嘆したのが昭和六年（一九三一年）だったが、それから更に十年を経て、維新以来の鬱屈した憤懣を払うべく、国運を賭して挑んだ戦いが大東亜戦争であり、また、それが一大破綻であった。日本人は人類の歴史に現れた大波に抗い、力及ばず沈んだのである。

それはたしかに悲劇だった。一面では、やむを得ないものですらあったのかもしれない。この恵まれた時代にあって、私は彼ら先人の努力を些かも傷つけたくはない。

だが、あの偉大にして残酷極まる破壊の時代にあって、我々日本人はいったい無謬の生き方をしていたのか、そう問われれば、うんとは言えぬものがある。戦争は元来理不尽なものだが、日本軍のそれはあまりにも理不尽だった。もっとうまく出来たかもしれない、善良な日本人が信じた道義が生きるやり方もあったのかもしれない、そういう反省はあってよいはずである。そしてそれを知るための最良の教材は、戦記、それも人間について書かれた戦記の中にあると信じる。何故なら、「戦争のなかに現れた軍人の欠陥は、そのまま日本人の欠陥でもある」（『失われた兵士たち』）し、なにより、無理に無理を重ねた日本の近代化の最後的な破綻の中にあって、死力を尽くしてその生を全うした者たちの呻きこそが戦記なのであるから。

そのようにして書かれた戦記は、今なお我々日本人の心を抉り、未来の糧とするものに足りる。いや、むしろ現代を、歴史を完全に喪った時代を生きる日本人にとって最良の教訓ともなり得るのである。

歪な近代化と持たざるその事実とが育てた畸形の日本人は、戦塵の中で人間に還り得た。彼らはそこで、明治の近代化以降重ねて来た矛盾としての鍍金を全てはぎ取られ、裸の人間として厳然たる敗北を生きたのである。それは単なる戦敗ではない。人間の敗北であると同時に、かすかな、しかし、荘厳なまでの勝利でもあった。

そして、その逃れようのない、突き付けられた圧倒的大破局の中で、なお善く生きようとした者たちの語るもの、そのことを置きざりにした我々が、今あらゆる位相において荒廃の中にあることは自業自得と言わざるを得まい。この国において稀有なほど、書かずにおれなかったものでありながら、最も人に読まれなくなったもの、それこそが日本における戦記なのである。(1)

(1) 米国戦略爆撃調査団報告を翻訳紹介した『太平洋戦争始末記』に寄せた序文において、元外務省条約局長の萩原徹は次のように述べている。戦記は戦後において、いわば戦争の残滓として軽視されることが多かった。「この報告書は最も客観的な、そして最も要領を得た記録として必讀のものであると信ずる。個人のいうような告白や、いわゆる『戰記もの』よりも、遙かに多くの客觀的資料と反省の材料とを含んでいる」

三　戦記を、読む

以上に私が戦記を取り上げたい理由を書いた。ひとつここで断っておくことがある。戦記を前にしてもたげる不安についてである。私も遅ればせながら戦記を読み始めて（これも断っておくと、私は決していわゆる軍事マニアでも軍事通でもない）、戸惑うことが多い。それは、読む本毎に同じ事柄への評価がまったく一定しないからだ。ある者は、天皇陛下万歳などといって死んだ馬鹿はひとりもいなかったと言う。その一方で、冷静な筆致において、それを叫んで、或いは泣き声のようにこぼして死んでいったものが描かれる。また、軍馬ひとつとっても、それを戦友のごとく愛育する部隊もあれば、二等兵の下に位置する唯一の存在として痛めつけ、憎しみを向けあう姿も描かれる。軍隊の現実を知らぬ我々にとって、こうした不整合は内容への無限の距離をもってあらわれてくる。

だが、これは戦記の書き手自身が指摘している通り、個人が経験する戦争とは、常に一局面でしかありえないのである。尾川は言う。

戦争は、変幻自在の「怪物」である。戦争そのものを体験することはできない。群盲の譬えに近い。陸軍・海軍・空軍、さらに兵種、身分階級、戦場となった場所……そういう多様さにおいて、ある特殊な体験をするにすぎない。（略）これが戦争だ、というものはない。みんな戦争であり、すべてではない。そこに戦争体験を語ることの空しさがある。（『野

哭　ニューギニア戦記』）

数千年来文化文明の地である支那大陸と太古の昔より人跡未踏の南洋諸島では、自ずから戦争の様相が異なる、これは当然である。現役兵と召集兵によって物の見方も異なる。或いは、書かれた時期、それが戦後何年を経て書かれたかによっても当然に内容は変わり得るし、更に恐ろしいのは、その書き手の文体によって、書き表される内容自体も様々な顔をとり得るのである。文体は舟であり、貨物船に高貴な客は乗らない。客船にコンテナは積めない。そのことを指してか、吉田満は次のように述べていた。

全篇が文語体を以て書かれていることについて、私は特に嗜好があるわけではない。（略）何故そうであるのか。しいていえば、第一は、死生の体験の重みと余情とが、日常語に乗り難いことであろう。第二は、戦争を、その只中に入って描こうとする場合、〝戦い〟というものの持つリズムが、この文体の格調を要求するということであろう。（『戦艦大和ノ最期』あとがき）

そういう種々の偏光レンズを通して戦争を生きた人間を見ること、それは一筋縄ではゆかぬ難事だろう。早合点、錯誤、独りよがり、臆断、そういうものが常についてまわる。だが、何度でも繰り返すが、戦争の惨禍にその命を燃やした先人の声は、今なお我々を呼び出しているのである。

思えば戦記は、筆舌に尽くせぬものを敢えて筆記したものである。そこには、「〝戦争追想の酔いをおさえながら、醒めつづけ痛みつづけること〟は、これこそ人間の尊厳をまもるために最も必要な勇気」（『月白の道』）というべきものがあった。それ故にこそ、戦記の正しい読み方とは、「そのような語り手の勇気の火種を、私たち聞き手が素手で貰い受けつぐ」（同、安西均による序）ことにある。我々はこの扱い難い火種、日本人の民族の苦衷そのものを、素手で受けとめねばならないのである。

大和とともに南海に没した白淵大尉、弱冠二十一歳だったという彼の落ち着いた末期の声、戦いの意義を巡る戦友達の激論に、「薄暮ノ洋上ニ眼鏡ヲ向ケシママ低ク囁ク如ク」（『戦艦大和ノ最期』）決着をつけたその声を、日本人は決して聞捨てにしてはならないのである。

進歩ノナイ者ハ決シテ勝タナイ　負ケテ目ザメルコトガ最上ノ道ダ
日本ハ進歩トイウコトヲ軽ンジ過ギタ　私的ナ潔癖ヤ徳義ニコダワッテ、本当ノ進歩ヲ忘レテイタ　敗レテ目覚メル、ソレ以外ニドウシテ救ワレルカ　今目覚メズシテイツ救ワレルカ
俺タチハソノ先導ニナルノダ　日本ノ新生ニサキガケテ散ル　マサニ本望ジャナイカ

忘れられた戦争の記憶　目次

序　民族の教科書

第一章　死線上の男たち

地獄に咲いた、生命の輝き

第二章

凍てつく日の丸

落日の大地シベリアに生きる

第三章

囹《れい》圄《ご》の民族

試された日本人の地金

終章 忘れられた教訓、失われた生き方

第一章

死線上の男たち

地獄に咲いた、生命の輝き

一——体験者の孤独

あの戦争を知らぬはずの人間が、あれこれと客観的らしく説明したり、解釈を加えたりするのをきくと、鳥肌の立つほどのおぞましさを感ずる。

ＮＨＫ解説委員長だった緒方彰は『セレベス戦記』（奥村明）に寄せた序文でこのように述べた。言わんとすることには、私も頷ける。位相は落ちても、自衛隊に関する世間からの声に、私はある種のおぞましさを感じていた。それは私が偏屈なせいだけではなく、多くの自衛官に共通する想いである。自衛隊に対する悪し様な非難も、手放しの称賛も、さして違わぬのだという冷淡な気分、それは固有の運命を背負わされた者が等しく覚える孤独であり、試練である。

それは何も、軍隊に限った事ではない。差別に苦しんだ者が、如何に表向きは社会から温かい手を差し伸べられたとて、おいそれと懐に飛び込むわけにもゆくまい。なにくそ、てめえらなんざに俺たちの気持ちが解ってたまるか、そういうとげとげしい反発は、凡庸に恵まれた人間皆が甘受しなければならない。

そして、この気分がとりわけ顕著に充満した組織こそ、軍隊だった。敵弾を潜り、餓えの中を幾千里と歩かされた兵は、「おれ、どうして男に生まれてきたか」と悔やみ、「孫子の代まで、歩兵にはせんぞ」と怨んだという。或いは、端的にこう言う者もあった。

一億という国民の中から、ここにいる若干のわれわれだけが、どうしてこの遠いニューギニアという島に送られる運命を背負ったのであろうか。いかなる前世からの悪縁で、この南冥瘴癘《しょうれい》の地に、弾丸をいやというほど浴びて、かばねをさらさねばならぬのか。（略）きょう、そして今、内地では銃後と称しながらも、たらふく食い、飲み、女を思いきり抱いている日本人がたしかにいるのだ。いないとはいわせぬぞ。何の因果でわれわれだけがこんなひどい目に逢わねばならぬか。わからぬ。（金本林造『ニューギニア戦記』）

これまた、彼ら日本の兵隊が経験した艱難辛苦に比べれば屁でもないが、私とて、見捨てられた自衛官として氷点下の山上で野糞でもさせられれば、腹立ちもした。水道管も凍結する寒さに震えた日出生台演習場で眼下に別府の街明かりを望み、円ぴ（軍用シャベル）が入らぬ土壌に苛立ちながら畜生とばかり遠く人の営み目がけて糞を放ったのは、今となっては良い思い出かもしれないが、哀れ、兵隊の気持ちはそういうところにある。

自衛隊の話はこの際よいとして、金本大尉が痛憤したニューギニアは、世界史上、もっとも過酷で悲惨な戦いがあった戦域である。ニューギニアの戦記には「筆舌に尽くせぬ」、「この世のものとは思えぬ」、「鬼神をも哭かしむる」といった語句が並ぶが、これは決して誇張された表現ではない。むしろ、血で血を洗う戦乱が絶え間なく続いた諸外国に比して穏やかな歴史を有する我が国の言葉では、地獄と化したかの地の悲惨を表すのに相応しい表現が足りないようにすら思う。柔和で湿潤な日本語では表し得ないほどの光景が、濠洲大陸北の巨大島において繰り広げられたのである。

地獄といえば仏画でよくその様が描かれるが、ニューギニアの戦況はさながら地獄絵図だった。血の池や針の山、金棒を持って追い回す赤鬼青鬼、そんなものも別段怖ろしくないような生き地獄が現出した。大東亜戦争ではガダルカナルやビルマ（インパール作戦等）が悲惨な戦いとして広く知られているが、「ジャワの極楽、ビルマの地獄、死んでも還れぬニューギニア」との文句が示すように、数ある戦場の内にあって、地獄の一丁目一番地はこのニューギニアの地に他ならなかったのである。

地獄を巡ってきたという説話・昔話の類いは幾らもあるが、ニューギニアの戦記も自ずとそういう調子を帯びている。「どんなものにせよ、体験は絶対に思想化できない。ただ思想を生みだす創造的原点となりうるだけだ」（中原浩）という指摘は先にも少し触れたが、戦争の在り様を知りもしない私たちは、これを説話のように読むだけである。しかし、くどいようだが戦記は単なる昔話ではない。戦記を繙けばすぐにわかることだが、この地獄を彷徨い歩いたのはまさしく私たちの父であり、祖父である。それはいわば、私たち自身なのである。そうである以上、これを体験者の孤独そのままにしていては不足ではないか。たとえおぞましいと言われようが戦記に立ち入らねばならない所以は、ここにある。

それゆえにこそ私たちは、その酸鼻を極めた行路を、たとえ不完全なものであれ、ヴァーチャルに過ぎないものであれ、辿っておくべきだと思う。それが自身のひとつの試練となり、躓きの石となる意味においてはじめて、父祖たちの経験は私たちを教え導くものになり得る。

戦後我々は、彼ら日本の兵隊たちをただの「運が悪かった人」にしてはいまいか。私はそれが、たまらなく嫌なのである。

二――地獄の島、ニューギニア

話がニューギニアに向いたから、この際ニューギニアにこだわってみようと思う。そもそも今回戦記について書くにあたり、何を基軸に話を進めようか悩んだ。とりわけ印象的な戦記を紹介するのも手であるし、戦域毎に支那戦線では、南方ではと話を進めるのも、整然として読者にも分かりよいと思った。しかしながら、戦記の方でどうもそういうやり方を拒むものがある。一つの戦記、あるいは戦域に目を向ければ、こちらでは甲といい、あちらでは乙といって迷わせる。このことは前に述べた。

むしろ戦争という膨大な事象を綺麗に捌けると思うのがどうかしているのだ。であるからして、この一連の文章は、戦争それ自体や、戦記に描かれた真実めいたものに一歩一歩迫り、頂きを目指すように進むものでないことを断っておく。日本の兵隊が歩んだその行路のように、極まるところのない暗闇の中を、盲人のように探り歩くことにしたい。出会うものは、皆唐突に、鉢合わせするのである。何事も最短距離で効率よく済ますことを是とする現代人にとっては、それも良い薬になるといったら言い訳になるだろうか。いずれにせよ、そういうペースで歩こうと考えている。道端に気になるものがあれば立ちどまることもあるだろうが、その点はお赦し願いたい（そういえば、以前こういう話を読んだ。或る群馬出身の若い兵隊は少々抜けたところがあり、行軍中に路傍でコンニャク芋を見つけると「あ、コンニャクだ」といってしゃがみこんでしまったという。そんな時戦友たちは、やれやれと思いながらも黙って時間をつぶし、その兵が飽くのを待ってやったそうだ）。

さて、ニューギニアであるが、これは日本から四千五百キロ南に位置し、世界第二位の面積を誇る巨島である。私たちが見慣れたメルカトル図法による世界地図では高緯度ほど拡大される一方、低緯度地域は相対的に小さく描かれるから、赤道直下のニューギニアなどはその巨大さに比してさほど知られていない。だが、世界二位というだけのことはある。東西凡そ二千キロ、これは北海道から鹿児島までに等しい距離であり、最高峰プンチャック・ジャヤは海抜五千メートルに迫り、赤道直下といえど山頂は零下二十度を下回る。

また、全島は万古密林で覆われており、その人口は極めて希薄だった（当時やっと百万を数えたに過ぎない）。そんな島に日本軍が出向いた目的は、米濠軍の連繋を遮断し、またその反攻拠点たる南岸の要衝ポートモレスビーを陥とすことにあった。当初日本軍は海路よりこれを目指していたが、珊瑚海海戦が生起したために所期の目的は果たせずに終わった。そのため日本軍は陸路これを占領する作戦を発起し、北岸ブナ・ゴナ地区からオーウェンスタンレー山脈を越え、一路、モレスビーを目指したのである。

本書は戦史の事実を辿ることは目指さないから簡単に記すに留めるが、ニューギニアの戦い

米軍上陸状況図（昭和19年）

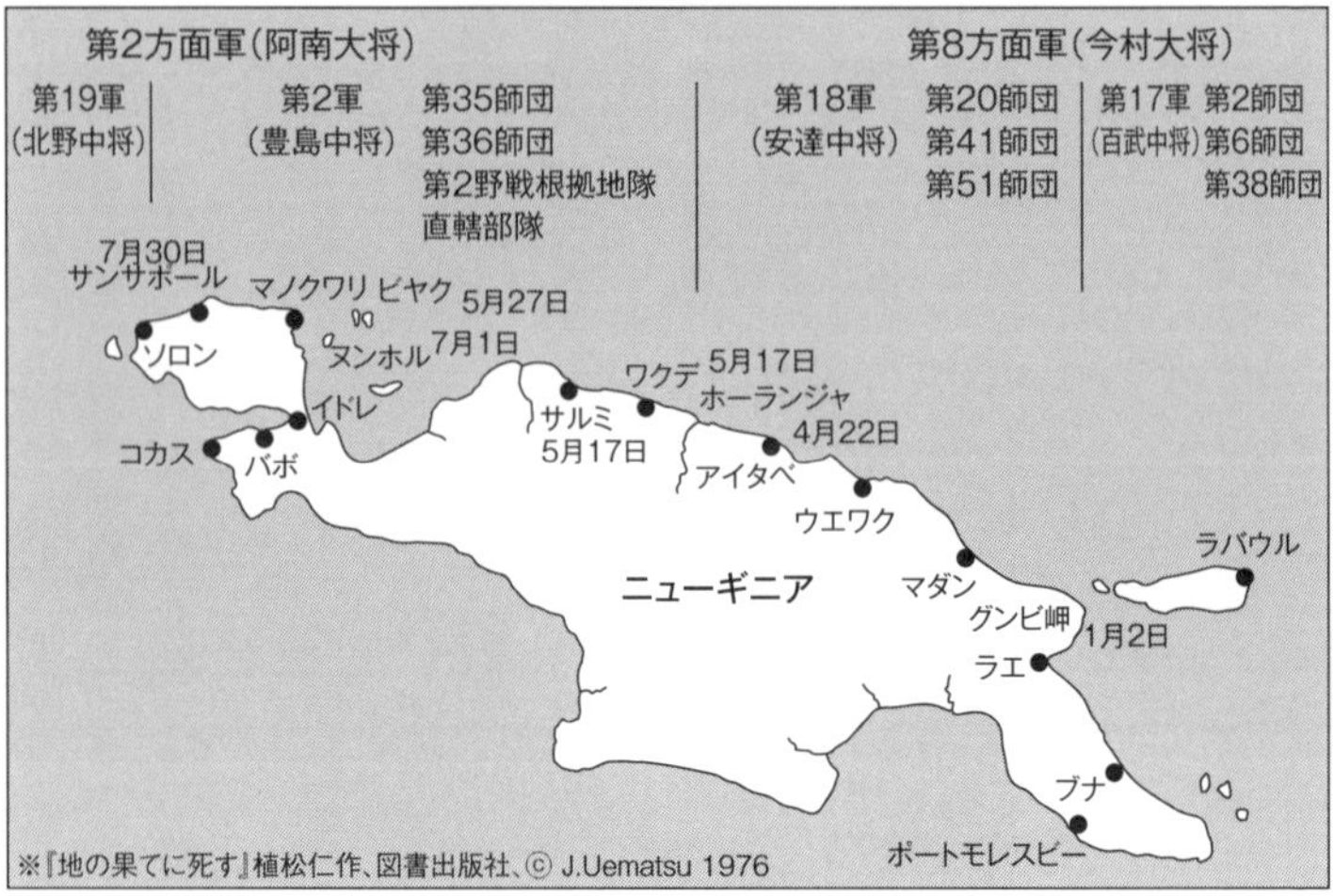

※『地の果てに死す』植松仁作、図書出版社、© J.Uematsu 1976

は、大本営が敵の反攻を昭和十八年の後半と見積もってその来攻前に要地を確保せんとしたものの、実際の米軍来襲が十七年八月と一箇年早かったことから、全てにおいて後手に回ってしまった。それが証拠に、モレスビー攻略にあたった第十七軍南海（堀井）支隊の増援として派遣された安達二十三中将率いる新設第十八軍の三個師団は、その上陸前から敵空襲と雷撃により多くの輸送船が沈没の憂き目にあった。駆逐艦に拾われて裸一貫濡鼠となって上陸した部隊には、当然ながら武器弾薬や糧食の不足が待ち受けていた。

　やっとのことで上陸したこれら部隊は、当初北岸沿いを東に進出し、ラエやフィンシュハーフェンで敗れた後は取って返すように西進することとなるが、その間、隷下三個師団が一所において戦闘することは実質的な最終の戦闘となるアイタペ戦に至るまで一度として実現しなかったのである。

この三個師団（二十、四十一、五十一）というのは北九州や北関東の強兵が主体となった虎の子精鋭部隊であり、これらが無傷のまま十分な補給を得て戦えば、米軍とて恐れるには足らなかった。それは事実、劣悪な条件下での戦闘を強いられた作戦経過にあって、米国公刊戦史に“Toughest Fighting in the world”（世界に類を見ない強靭な戦闘）と称されたブナ地区における激戦（昭和十七年十月—十八年一月）や、“Amaizing Resistance of Japs”（目を見張るジャップの抵抗）と言わしめたアイタペでの最終決戦（昭和十九年八月）が十分に証明するだろう。
しかしながら、そうした日本兵の鬼神の如き奮闘も、米軍の圧倒的な物量[1]及び、制海・制空権を活かした蛙飛び（飛び石）作戦を前に潰えていった。[2]
ごく大雑把に記すならば、以上がニューギニア戦の概要であるが、こうした事実は戦史叢書といわずとも、例えば伊藤正徳『帝國陸軍の最後（決戦編）』に手際よくまとめられている（伊藤正徳というのは戦史の第一人者であり、その文章は淡々とした中に意志漲るものがあり、なかなか読ませる）。

「サラワケット越え」略図

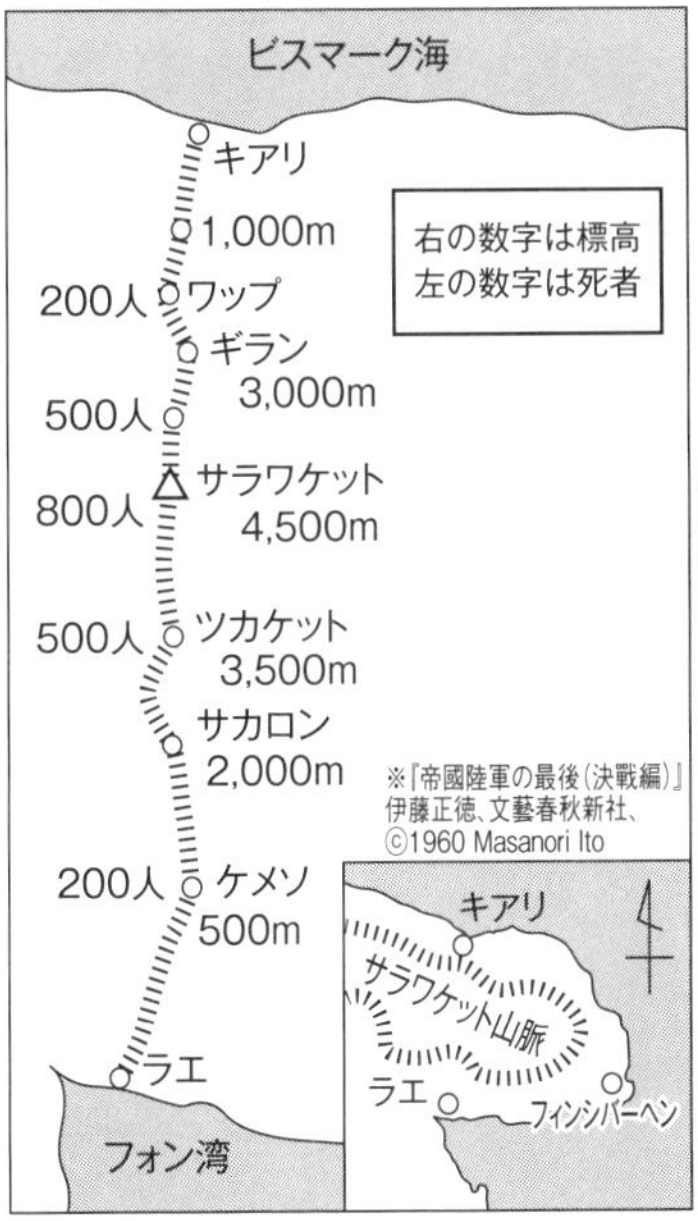

※『帝國陸軍の最後（決戦編）』伊藤正徳、文藝春秋新社、Ⓒ1960 Masanori Ito

だが、例えばラエからキアリへと転進する〝死のサラワケット越え〟（サラワケットは標高四千を超える高峰であり、五輪マラソン選手だった健脚北本中尉によって偵察された脱出路だった）について、伊藤は四頁を割いて記載しているが、そこで一体何が起きたのか、注意しなければ素通りしてしまうような記述である。示された要図には、行程とともに死者数が記載されてある。ケメソの二百人を皮切りに、ツカケット五百人、サラワケット八百人、ワップまでに七百人と、数多くの兵隊が飢えと寒さに呑み込まれていったことが分かる（彼らは夏服装備だったため、極寒の山中で銃まで燃やして寒さを凌いだ）。

然るに、彼らが一体どういう顔をして、何を考え、何を願って死んでいったのかまでは教えるものがない。私が知りたいのは、彼らひとりひとりの死に様であり、生き様である。それを知るには、そこを実際に歩いた者によって書かれた戦記に尋ねるべきなのである。

（1）兵隊に給養される糧食のカロリーは十分の一から二十分の一、砲弾量に至っては二十分の一から五十分の一という懸隔であり、「一発撃てば百発お返しがくる」と言われる戦況であった。日本軍兵士は骨と皮になった身体に鞭打ち敵第一線陣地に突入すると、まずは陣内に残された敵の食糧を漁った。

（2）戦略的価値を維持し得なくなった日本軍拠点を飛び越えて防御手薄な後方要地を占領することにより、日本側守備部隊を孤立させた。孤立した部隊は挟撃を避けて内陸の山岳密林を大きく迂回し、更に後方の友軍を目指す行軍を強いられたが、やっとのことで目的地に辿り着けば、そこはすでに蛙飛びの狭間となっていた。北岸を西へ西へと後退する日本軍部隊は、こうして終わりなき飢餓行進に陥ったのである。

三――地獄を生きた

『地獄の戦場　ニューギニア戦記』は独立工兵第三十連隊の准尉間嶋満によるものだが、末尾に在隊者名簿が収録されている。試みに頁を繰る。見開きで八十名程、小林登「米子川戦死」に始まり、辻谷昇「パラオ入院―生死不明」に至るまで、〝復員〟とあるのは高橋五郎ただの一名に過ぎない。ホーランジア沖戦死、ウエワク戦死、坂東川上流戦死といった字句が、戒名のようにその間隙を埋める。津守清から野尻嘉雄に至る次の八十名あまりには、ひとりとして生還者はない。その次も、またその次の頁にも、生還者の記載を見つけることは出来ない。

この島の恐ろしさは餓えと悪疫にあり、また、動物の生存を拒む大自然にあった。悪疫とはマラリアやアメーバ赤痢、或いは熱帯性潰瘍といったものだったが、飢餓状態で山野を行軍する者達にとって落伍はそのまま死を意味したから大変であった。マラリアは周知の通り、定期的に発作が襲ってくる。いったん始まると、行軍どころではない。身体が焼けるように熱くなったかと思えば、激しい悪寒に何枚毛布をかぶってもガクガクと震えが止まらなくなる。熱帯性潰瘍はあまりなじみがないが、ぷくりとしたできものが潰れると化膿したようになって治らない。それが広がると、一面が皮膚を剝ぎとられたようになって、じゅくじゅくとまるで内部の肉が露出したようになる。靴など履けば、くっついてしまってどうにもならない。これにヨーチンしかなかったというのだから処置無しだ。草鞋の様なものをこさえて痛みに耐えながら歩いたというが、火の上を歩くようなものだったろう。

また、南国と言えば動植物の楽園といったイメージがあるが、ニューギニアは違った。原住民の人口が少ないのには理由がある。それを支えるカロリーが、この島には見当たらないのだ。降り注ぐ太陽は、厚いゴムの葉が遮ってしまう。ジャングルの中は薄暗く、雨季ともなれば湿度は百パーセント、マッチの頭は崩れ落ち、洗濯物は三日経っても四日経っても乾かない、傷をつくれば、まず治ることはなかった。食物を産しないニューギニアはさながら暗緑色をした岩山であり、どうかじりついてみても人は石を食っては生きられない。この島で、植物は無言の王者だった。動物たちは小さくなって葉陰を生きた。人間を寄せ付けない緑の沈黙が、遠く日出づる国から送り込まれたつわものたちを呑み込もうとしていた。

原住民の主食はサゴ椰子のデンプン質を漉しとったサクサクだった。陽もさし込まない密林の中には実のなる植物はほとんどなく、或る兵をして、繁殖の余地がなくなるまでに煮詰まった植物相は、もはや果実を産することなく、またそれを運ぶ鳥獣さえ不要とする、との説を唱えさせた。末期の為に一握りの米を背嚢下に忍ばせた兵たちは、蛇やトカゲは御馳走のうち（歩きながら生のトカゲを食べることさえあった。味は鮑に似たという）、虫や木の根、果ては靴や靴まで煮て食べたというのだから、餓えの程度はうかがい知れる。

椰子の腐木に巣食う蛆、数匹の分配をめぐって、流血の騒動をひきおこすことすらありえたのだ。肩を並べて、同じ道を歩いてきた戦友同士がである。（尾川正二『極限の中の人間』）

「人間、やめとうなる」。こうした類いの言葉、人間廃業の誘惑に駆られた言葉が兵たちの口をついて出た。この島で、人間でいることは至難だった。軍司令官から一兵卒にいたるまで、全員が死線の上を彷徨い歩いた。ニューギニアでは将官も歩き、或いは激流に呑まれ、或いは転進途上に魚雷艇で沈められていった。ギルワを死処と選んだ小田健作少将のように、傷病兵とともに留まって自決を選んだ者もいた。全てが終わった敗戦後において、次のような遺書を残して自害した第十八軍安達軍司令官の死に様もまた、立派なものであった。

> 小官は、皇国興廃の関頭に立ちて、皇国全般作戦寄与の為には、何物をも犠牲として惜まざるべきを常の道と信じ、打続く作戦に疲憊の極に達せる将兵に対し、更に人として堪へ得る限度を遥かに超越せる克難敢闘を要求致候。之に対し、黙々之を遂行し、力竭《つ》きて花吹雪の如く散り行く若き将兵を眺むるとき、君国の為とは申しながら、其断腸の思ひは、唯神のみぞ知ると存候。（略）
>
> 然るに、今や諸般の残務も漸く一段落となり、小官の職責の大部を終了せるやに存ぜらるるにつき、此時機に、兼ねての志を実行致すことに決意仕候。

即ち、小官の自決の如き、御　上に対し奉る御詫びの一端ともならずと思ふ次第にて、唯唯純一無雑に陣歿、殉国、並に光部隊残留部下将兵に対する信と愛とに殉ぜんとするに外ならず候。(以下略)(『野哭　ニューギニア戦記』)

遺体埋葬に立ち会った濠軍管区司令部副官は、「オーストラリア人には、自殺の習慣はないが、安達中将の自決の趣旨は、よくわかる。立派な軍司令官だった」と述べたという。誰もが死という奔流に為す術なく呑まれていったが、そこに最後のひとこぎを加え得るもの、自らの意志で決然と死んでいく者が残した清冽は、記憶されてよいはずである。

然るに、不幸にして死処を得られなかった将兵を待ち受けたものは更に過酷だったのかもしれない。生と死の境界は分明でなかったどころか、死こそが安楽であり、生は彼らにとって頭の痛い、迷惑な存在でしかなかった。希望の曙光も見出せない時、彼らは人間をやめていったのである。

戦争は、人を狂わせる。中国戦線でも、法衣をまとうべき身でありながら、悪鬼のように荒れ狂い、死体を蹴りとばし、踏みにじる兵隊がいた。人間の罪障の深さに徹した絶望の果ての狂乱とは思えなかった。武装するということは、思考を停止することである。まして、間断なく襲い来る危機をくぐり抜け、飢餓とたたかいつづけなければならぬ極限に追いつめられた人間の、むき出しにされたエゴイズムの嚙み合いも、当然のなりゆきであったろう。

（同）

飢えに先立つ野戦ずれは、兵を生死に関する不感症へと作り替えていた。「他の死を見て自分の生きる可能性を否定することの認識を繰り返しているうちに、死は当然自分にも来ることを否定出来なくなり、それが極めて当然の事」（津布久寅治『魔境　ニューギニア最前線』）に思えて来た。行き着くところ、むしろ兵は偶然の死を望みさえしたのである。日本軍の頑強な抵抗に業を煮やしたマッカーサーをして第三十二歩兵師団長を更迭せしめ、新任の猛将アイケルバーガーに対し、"Take Buna, or do't come back alive!"（ブナをとれ、さもなくば生きて戻るな！）と命令させたブナ地区の戦闘は、五十メートル平方の地に一分間六百発の砲弾が落ちたとも言われるが、ここに蛸壺（個人用掩体）を掘って耐えていた東村大隊では次のような光景が日常となっていた。

こうなると、死なないということは幸福なことではなかった。死ぬことは現実の地獄からのがれて、無の世界へ参入する唯一の道であると思うようになるらしい。これを狂気といえばそれまでであるが、一瞬、そのような死の誘惑に襲われる時があった。誘惑が折悪しく砲撃最中に訪れると、兵士はゴソゴソとタコツボから這い出して、アグラをかいて砲弾にあたることを待つ。（金本林造『ニューギニア戦記』）

大隊副官大西中尉はこうした兵を見つけるや砲弾降り注ぐ中を這い出していって背中をなぐりつけ、タコツボへ押し込んだそうだが、中尉とて、この職務遂行の中でいっそ砕け散ってしまいたい思いはあったろう。事実、彼は兵を押し込んでいるところに砲弾の破片で右大腿部を抉られ、奔出する血がタコツボの泥水を赤く染めゆく中で息絶えたのである。

砲爆撃による一瞬の消滅を得られない以上、果てしの無い行軍にはより深刻な忍苦を要求された。生きるために一歩を踏み出さねば自ずと死が訪れる。死は常に伴走していた。死に急き立てられ、死に追い越され、死にあやされながら、彼らは歩いた。彼らの置かれた立場は、目もくらむ断崖を登攀するようなものだ。休むことも、出来ない。痺れる手足に力をこめる、それを止めたら最後、まっさかさまだ。周りでは戦友たちが悲鳴すらあげずに転落してゆく。ああ、苦しい、俺も早く楽になりたい、そう思うのは無理からぬ話だ。

「もう歩けん！　もう歩けん！」

突然、平素からあまり口数の多くない村会議員草津兵長がいった。それは私に対する不信のあらわれであったが、聞きようによっては子供がダダをこねているような口ぶりでもあった。

「歩かないでどうする気だ」

「どうもしない。ここで死ぬんです」

「そうか仕方がない。死ねや」

私もいささかむっとしていった。
「ああ死ぬよ。死んでやる」（同）

これでもまだ部隊行動らしいことをしているだけまともであった。打ち続いた飢餓行進には上官命令など無いに等しく、軍紀厳正を誇った帝国陸軍士卒は陸軍史上初めて、軍法の完全な真空地帯を歩かされたのである。食料をどこからか見つけ出す〝鼻の利く〟兵隊は先を急いだ。一方、餓えた者や病持ちは落伍する。戦友愛は喪われた。いや、誰もがそんなものは期待し得ないことを理解していたのである。動けなくなった兵隊の多くは、自分たちを置き去りにして前進する戦友たちを、何の表情もなく、ただ雲が流れるのを眺めるようにして見送った。助けてもらえぬというのは、平生当番兵を付けられていた将校とて例外ではなかった。

天皇の威光も、軍律階級も、糞食らえだった。義理も人情も通用しない別世界である。死に対する同情も悲しみもない。

瘦せ細った死体は、兵隊たちが進む足元に散乱していた。生きるための競争のようだった。己が生きるためなら、他人などかえりみる暇はなかった。文明社会できれいごとを言ってきた紳士たちがである。（『ニューギニア戦記』）

こうなると将校も辛かった。金本大尉（当時少尉）は部下の兵長に、「こんなところへわれわれを引っぱりこんだのは、誰の責任です。隊長どの自身が明日の道路偵察に行くのが当然だ」「さあ行け、隊長が行くんだ」とさえ言われた。「隊長どのに対して何をいう。それでも軍人か。隊長どのは好きこのんでこんな所へわれわれを連れて来たのではないぞ」といって兵長を殴りつけた軍曹が居たことはせめてもの救いだったが、将校の苦しい立場は変わらなかった。

残存の生命量は、将校も下士官も兵も等量であった。もっとも苛酷な個人主義の支配下にあったといえる。突然私は悲しくなり、涙が出そうになった。少尉という肩書きが重荷となって、ぐいぐい私に迫ってきた。ああ一兵卒になりたい、草津兵長のようにダダをこねても見たい。少尉という階級を脱して、思い切り大本営を恨み、軍司令部を罵り、空腹を訴え、宮上や草津と口喧嘩をし、卑猥なこともいい放題にいってみたいと思った。(同)

このようにして、裸一貫となった数万の大和男児が魔の島に放たれた。弱い者は死んでゆく。まさに獣のような生き方を強いられた。力の無い者の中には、盗人も出た。僅かな食糧を巡る殺し合いも起きた。原初の世界が出来したのである。だが、それは文明社会も同じことなのかもしれない。ただ、平和な時間に限り、秩序だって見えるだけなのかもしれない。自らも倒れんとするときに力弱きものに手を差し伸べることが出来るのか、そういう問いの居場所は、ほとんどなくなってはいまいか。少なくとも私は、我々だって、苦しい金本大尉の立場に耐えねばならない局面がくると思う。日本を滅ぼす選択を重ねた咎は、そういう選択を避けさせ得なかった咎は、そうして一個の善良な人間にも降りかかるのだろう。社会の将校たる者、それを忘れてはなるまい。

それはともかく、正当な生存競争を勝ち残る力が無い者は、これも一般社会と変わらず、権威を笠にきて悪さをやり出した。

土民に大きな荷物をかつがせた憲兵は一人、姿を現した。伍長である。知らん顔をしていると、つかつかとやって来て、「なぜ敬礼をしないか」と眼をすえた。意外なことを聞いたように思った。同じ下士官ではないか、ことに二度目の山越えにはいってからは、将校に対しても、ほとんど敬礼することはなかった。おたがいに落伍者である。いかなる理由があるにもせよ、部隊から脱落して右往左往しながら、この迷路からの脱出を必死に試みている人間でしかないのだ。前線で死闘二ヵ月、転進に二ヵ月、そこには階級を超えて、苦境に沈淪するものの共感と信頼と励ましがあるだけではないか。（略）

「階級章はないが、おれも下士官だ」と答えた。かれはきっとなって、「憲兵には敬礼するものだ」と顔をひんむいた。「これは、失礼した」と謝った。「お前一人か」ときく。「連れがいるが、ちょっと遅れている」と言うと、「ぐずぐずしておると、山から出られなくなるぞ。遅れるやつは、殺してしまえばいいのだ。どこにおるのか、おれが殺してきてやる」と気色ばんでいる。（略）些末な「敬礼」に自己を主張しようとし、人の「生命」を何とも思わぬ倒錯した神経に怒りと恐れとを感じた。色の白い顔が冷たかった。（『極限の中の人間』）

これを聞いた〝連れ〟は、「後方で、たらふく食いおって、何ぬかしてけっかる。それが、同じ日本人やからな」と吐き捨てたというが、地獄に戦友も日本人もなかった。敗戦が判明した投降の途上において、落伍しながらも命からがら合流した兵を、命令なく部隊行動を離れた敵前逃亡とみなして斬りすてた将校があったという。藪の中より軍刀の血を拭いながら出てくる顔は、平然としていた。二箇年に渡り死線上を彷徨した末、やっと故国に還れると知ったその時に友軍に斬られるその無念はいかほどであったか。

西部ニューギニアにおいても状況は似たようなものだった。無数の死者を出したイドレ転進の中継地点ヤカチは、「地獄ヤカチ」「野たれヤカチ」という別名が示す通り、そこに集結した兵はさながら幽鬼のようであったという。ヤカチ露営司令官小川少佐は糧秣の管理者であったが、その冷酷な行いは多くの怨みをかっていた。

小川少佐と話しているところへ、川から飯盒をさげた兵隊が上がってきた。それを見た小川少佐は、すかさず呼びとめた。

「一寸来い、何を持っている」

「米を洗ってきた」

「そうか？　じゃ中を見せろ」

中は芋だったらしい。

「農園（筆者注：原住民の農園）を荒してはいかんと命令を出してある。芋じゃないかいかん」

芋はその場で没収されてしまった。小川少佐は当然とばかりの顔でいるが、兵隊の方は泣きだしそうだ。

「これが夕食と、明日の朝食です。返して下さい、もう畑に入りません」

だが少佐は素知らぬ顔で、さっさとその芋を彼の天幕に取りこんでしまった。（植松仁作『地の果てに死す』）

この露営司令官は本来各隊に分配すべき米を幕舎の横に積み上げ、自らは毎食米を食っていた。近隣では毎日のように餓死者が発生し、生き残った者には埋葬する体力すらなく、辺り一面大変な屍臭が漂っていた。それを知りつつ食べる米の味はどんなものであったろうか。

ニューギニアの地獄は、いくら書いても尽きない。死体から物を剝ぎとるなど当たり前だったし（「コラ！　オレはまだ、死んどらんぞ！」などという笑うに笑えぬ一幕もあった）、マラリア患者に薬と称して生理食塩水を打ち、物品を巻き上げる衛生兵もいた。

言わばこの地獄は、獣性の中に人間のもっとも醜い部分を添加した世界であった。万物の霊長たる人間の霊性は、恥ずべき姿をとって辛くも残ったのである。人間であることを証し立ててくれるもの、それは見るも無惨な我欲だった。或る志操高邁な軍医はこの事情を捉え、次のように述べた。

この戦争の目的とか意味とかについては、おれは何も言えぬ。ただ、人間の美しさも尊さも剝ぎとって、人間の恥ずかしさだけをさらけ出させている戦争そのものを、おれは憎まずにはおれない。これほど人間を恥ずかしめる戦争――人間は戦争にたえられぬのだ。(『極限の中の人間』)

だが、地獄はさらに人を壊した。人が人を、食い始めたのである。

四——人間廃業

人肉嗜食ということに、なぜか人は慄然とする。妙なことを言うようだが、私はこれをさほどに特別視しない。勿論、今この社会のどこかでそれが行われているとすれば、背筋の凍る思いがするだろうし、自分が餓えてもそんなことに手は染めたくない、そう思う。

が、道徳律というのは必ずしも普遍的なものではない。たとえばボルネオとニューギニアの間に位置するセレベス（スラウェシ）のトラヂヤ族では、女は未婚の内は出来る限り多くの異性と交渉をもつことを推奨されるが、結婚したのちは貞操を守るよう厳に求められ、破ることがあれば殺されるほどに厳格な規律だったという。それは外部の者から見れば甚だ奇妙であったが、トラヂヤ族が平気で日本兵のところに未婚の女を連れて来ては勧めたというから、本当なのだろう。

そもそも、我々の無味乾燥な法治社会にあってすら情状酌量という余地は残されている。人を殺すにしても、殺し方、殺した理由、その他の要素は当該者の罪過を重くもすれば、軽くもし得る。

その意味において、ニューギニアにおけるカニバリズムは、坊主が女犯を働いたようなものではないか、と言ったら、果たして言い過ぎであろうか。
この点、私はまだ、ニューギニアにおいて（飢餓に迫られて）「俺は人肉を食った」という一人称の証言は読んだことがない。破戒僧の告白はいくらもあるのだから、やはり人肉を食うというのはそれだけ禁忌として深刻なことなのかもしれない。戦記に登場するそれは、状況からの推測か伝聞でしかない。或いは、自らも食ったことを告白し得ないだけなのかもしれないが、いずれにせよ、誰かが食ったことは否定出来ないと思えるほど、どの戦記にもそれは描かれている。

この時期、すでにガダルカナルから流れてきた噂があった。黒豚（黒人）はうまいが、白豚（白人）はまずいという話が、まことしやかに囁かれていたのである。（略）
米軍の爆撃で住民の中年男が爆死していた。頭に破片をうけて砕けていた。原住民の死体など、べつに珍しいはずがなかった。だのに、死体のまわりで異様な雰囲気をただよわせていた。
近づいて見ると、すでに片腕は切断されていた。兵隊が剣を片手に、一方の手には切断した腕を持っていた。その兵の目だけが、異様にぎらぎら光っているように思えてならなかった。切り取られた黒く太い腕の指は、気味悪く内に曲がり、苦悶を現わしているようだった。だが、切断口は赤い牛肉を思わせた。（『地獄の戦場　ニューギニア戦記』）

先客があるらしく背嚢が二つばかり転っていた。見るとも無く周囲を見廻した目に、五、六メートル離れた大木の根室に見てはならない物を見てしまった。

野晒しの腐肉に禿鷹が首を突込んでいるように、二人の兵隊がうずくまっている姿を、顔中髣髴（原文ママ）にしたおんボロ兵の姿が、彼の目にはこの世の物でない幽鬼の貪りに見えて来た。生かして置いて人間社会のためになる奴ではない。天に代って俺が一発幽鬼の胸板を撃ち抜いて…と思った。（『魔境　ニューギニア最前線』）

敵は死体を残して退却する。夜になるのを待ちかねて、東村大隊の兵士はゴソゴソとトカゲのように這い出して、敵の死体を陣内に引っぱりこむ。兵士のゴボ剣が解剖刀となり、（略）飢えた日本人は闇の中で、肥った白人の肉を丹念にさばいた。（略）「敵」という人間の死体の一部が日本兵士の胃腸を通過した。（この叙述は噂に基いた私の勝手な想像である）（『ニューギニア戦記』）

これらが実際に起こった出来事だとすれば、原住民、友軍、敵兵、その全てが〝食糧〟となる瞬間があったことになる。これはいかにも、慄然事である。金本林造を取り調べたGHQの日系二世はこうした出来事を指し、「神を冒瀆し、天を恐れぬ、人間にあるまじき大罪を犯してまで、生き延びるには及ぶまい」と冷ややかに言ったそうだが、我々とて、戦争ではそんな醜悪で悲惨な出来事が起きたのかと息をのみつつ聞き流すのが関の山であるから、二者の間にさしたる違いはあるまい。この点、野呂邦暢は次のように書いている。

勝利者は勝利者ゆえに戦いそのものから歴史の教訓を汲みとることがすくない。敗北者は時には偉大になり得る、と本稿の初めで私は書いた。しかし、敗北した人民が偉大になり得るのは、敗戦経験をとことんまできわめつくすことができるときだけである。

敗戦はにがい、敗戦は屈辱である。敗戦はきたなく、苦痛と恥辱に満ちている。できることならそれから目をそむけ、さっさと忘れるにこしたことはない。しかし、そこにとどまっているかぎり敗北者は永久に卑小な敗北者にすぎない。(『失われた兵士たち』)

その通りだと思う。そしてこれを思えば、戦後いつのまにか被解放者として勝利者の末席に連なってしまった日本人が、いまだに卑小な敗北者であることも道理である。

金本大尉は日系二世の言を、真の飢えを知らぬからこそ吐けるものだと評した。彼に言わせれば、「自分以外はすべて食べられるものに見えてくるに至って真の飢餓は到来する」。色でいえば真っ黒だという。「この地球上に全く食うべきものがなくなった時、愛する女房の臀肉を食わぬと誰が保障し得よう」、という言葉は重い。

釈迦も禁じ得なかった食欲というものに、凡夫である我々がどれだけ抵抗できようか。日常生活においてすら、嘘もつけば言い訳もしてしまう現代人が、戦場における飢餓に決然、対し得るとはとても思えない。或いは、こういう性格も見ておいてよいだろう。

ガリ転進を、おそらく史上稀にみる凄惨な行軍だったといったが、ここで恐ろしい事実を見たのである。行き倒れた兵隊の腿が、さっくりと抉り取られていたのである。（略）この転進は、そこまで人間を追いつめていたのだ。Yと二人、山道を急いでいたら、見知らぬ部隊の四、五名に呼びとめられた。食事を終えたところらしく、飯盒が散乱している。「大きな蛇の肉があるんだが、食って行かないか」というのである。そのにやにやした面が、気に入らなかった。何かがある、と直感した。共犯者を強いる――そんな空気を感じたのは、思いすごしであったろうか。（『極限の中の人間』）

三人寄れば文殊の智慧というが、そんなものは爺の茶飲み話である。衣食足りた人間たちが、立派な服を着て、微笑絶やさぬところで成り立つ道理に過ぎない。貧民窟で肥満した宣教師が汝のパンを分け与えよとは言えぬものだ。切羽詰まったところにあらわれる人間が全てだとは言わないが、抜き差しならぬところで人間の真価が試されるのは本当である。

むしろ人は、三人寄れば平気で悪事を働くようになる。言ってみれば、悪も一つの才気なのだ。人は一人では悪事も働けないほどに弱い。それが寄り集まれば、どんな悪事だって平気の平左でやってのける。

つまるところ私たちの内の最も典型的な気分は、次のようであるに違いない。

「人間て、つまらんものですね。自分は、気の弱い男だと思っています。なんにも、できはしません。だのに、自分の心の内をさぐってみると、誰かが自分の飯盒のなかにいれてくれるものはないかと、ひそかに期待している気持ちがあるんです。こうして打ち明けて、自分を恥じてみても、明日もまた同じことを待っているように思われるんです。もう、なさけのうて……」（『極限の中の人間』）

この兵隊は全身から善良さを感じさせる小男だったそうだが、その彼をして、目の前に人肉を置かれれば食うのではないかと考えさせるもの、それが飢餓の苦しみだった。ニューギニアの兵は悪疫にまとわりつかれながら飢餓に耐え、その困苦欠乏の長い道程の中でも、絶えず人間であり続けることの意味を問われ、与えられた苛酷な試練に耐えていた。一瞬一瞬を生きることがそのまま、修行であった。

もはや敵は、迫りくる米濠軍ではなかったのである。

五――人間の勝利、地獄に咲いた花

ここまで読んできて、読者諸兄はどう思うだろうか。転落していった日本人がかくなる醜態を晒した事実に目を背けたくなっただろうか。そうであるなら、私の本意は違う所にある。何故なら私は、数ある戦場の中でもニューギニアは、もっとも清潔な戦場だとすら考えているからである。

奇妙に思われるかもしれない。しかし、ニューギニアは特異な戦場だった。先に述べた様に、そこでは軍隊という膨大な組織が半ば以上取り払われていた。それは、一面では苛酷な運命と悲惨な結末とを招来したが、一方では日本型組織のいやらしさ、将校と兵との拭い難い確執などを見ずに済むのだ。また、この島には女が居ないから（当時異様に映った原住民の女を、兵も性的な対象とはせず、興味本位で腰布を捲ったような事例がわずかに認められたという）、戦場につきものの性に関する醜聞もない。いわば徹底的に生存に取り組んだ記録なのである。この飢餓の島で生命欲とはそのまま食欲であったから、問題はもっとも単純な意味での生存それだけに収斂した。それが極めて清潔、そういって不謹慎であれば、純粋に感じられるのである。

また、他人の褌で相撲をとるようだが、日本兵は何せ、強かった。まったく、これほどに見上げた兵隊がいるのかと思えるほどに強かったのである。戦闘に強かったことは既に触れた。その強さは、全く人間の力を超越していたかに思える。餓鬼のように痩せ衰えた身体、緩い坂でも転んでしまうほど衰弱した体になっても、いざ戦いとなれば敵陣に殺到し、これを大いに破った。近接戦闘では体格優勢な敵にも無類の強さを誇り、まともにぶつかってゆけた戦闘において負けたことはない、というのは敗軍の弁としてはみっともない言い草なのかもしれないが、それは何らの強がりでもなく、純然たる事実であった。後世の人は日本軍の必勝の信念を嗤うけれど、彼らは口を揃えて言うのである、どれだけ敗色が濃くなろうとも、最終的な日本の勝利を疑う気持ちは湧かなかったのだと。敵を見る事なく、どこからともなく降り注ぐ爆撃と砲撃に追いまくられていた日本軍兵卒にとっては、「敗けた」というより「避けた」に近い感覚だったという。童子が刃物で突き掛かってきても、人はそれを一応は避けねばならない。避けるということそのものからだけでは、敗北感は生じなかったのである。

そして、戦闘で見せた斯様な強さ以上に頼もしく思われるのは、絶望的な飢餓の中でさえ見られた人間性の蘇生であり、それはマッチの火のようにか弱く、消えやすいものだったかもしれないが、戦場の暗黒中に点ぜられた希望の光だったのである。

　他の部隊にまじって腰を下ろしていると、横の兵隊が、
「一つどうぞ」
と言って、タビオカ芋の煮たのをくれた。（略）

そのうまかった事。それよりも嬉しかったのは、この初めて会った人の温かい心だった。

（略）

私はお礼の言葉も知らなかったが、この人こそは、我々はまだ野獣と違うことを、人間であることを、私の心に深く刻んでくれたのだった。（『地の果てに死す』）

繰り返すが、全将兵が餓鬼と化したニューギニアの地で、食べ物を分け与えるということは到底考えられないことだったし、餓え苦しむ者の方とて端から期待もしないことである。何気なく芋を渡すこの人も、ここヤカチに至るまでは沢山の悪もろともに、愛しい人間としての記憶を磨滅させてきたに違いない。

思えば、人の善性は、このようにしか現れないのかもしれない。ままならない浮世は、人をして愛する人さえ傷つけさせる。自らを偽り、裏切ってしまうこともある。そんな中にも、ふとした時、赤い心に戻る我が立ち顕れる、この時ばかりは相手にとって仏に見えたかもしれない。だが、事実は違った。彼こそ、それを見る我と同じく、懸命に戦っている人間なのであった。

それでも人には差別があった。生まれ持ったものは争えないという厳しさがあったのであり、徹底した個人主義となった飢餓戦場はそれを改めて突き付けた。

乏しきを分け合う、という。が、こんな厳しい窮乏のなかにあっては、分け「合う」ことはありえない。生きる知恵・体力によって、分ける側と分けられる側の二つに類別される。常に一方的である。分け合うほど、生っちょろいものではないということでもある。自分の手で、何かを探り取ってこなければならぬとなれば、その能力は決定的である。(『野哭　ニューギニア戦記』)

持てる者とて、明日はマラリアで動けなくなるかもしれぬ。少々手許に食料があったといっても、それを渡してしまうことは、そのまま自分の生存可能性を下げてしまうことを意味した。彼らが生きたのは、常に現在であり、明日は無かった。日常に継続性が認められないとき、人は道徳的であることが難しくなる。旅の恥はかき捨て、後は野となれ山となれ、皆そういう事情を言ったものだろう。見ず知らずの人間になけなしのイモを恵んでやること、瞼を開けることとさえ難儀なときに、戦友の世話を焼いてやること、それは親切の一語で済まされるものではあるまい。だが、ニューギニアの地獄には、その小さな、可憐な花が、ここにも、あそこにも、花開いていった。

男同士が命をかけ、激しい戦線で育てられた真の友情である。たがいに階級も地位もない。地獄に仏に逢った思いに、熱い涙が飯盒に落ちる。炊きたてのめしよりも熱い涙を止めることはできなかった。(『地獄の戦場　ニューギニア戦記』)

容易なわざではなかった。それを手渡した当人とて、時に戦友を置き去りにし、背中に虚ろなまなざしを感じて暗い行路を辿ったのである。何気なく貴重な食糧を分けてくれる仏のような人間の内にはやはり、人間であることの記憶と、飢餓に支配された生存本能との暗い、しかし人間のうちでもっとも気高く真剣な闘いがあった。

栄養失調のため、顔は見るも無残に腫れ上がって、眼も見えないようである。手も足も、象の足のように腫れている。（略）寒気がして仕方がない、迷惑とは思うが、今夜一夜、火の側に置いていただけないだろうか、という頼みである。身を震わせながら、何度も「お願いします」と言った。（略）

「とても無理だ。なあ、みんな」と隊長は一わたりわれわれの顔を見渡した。拒絶を強いる眼つきである。誰も、何とも言わなかった。連帯感は、自分を中心とする極小の円周に限られてしまっていたのだ。病兵は、一礼して黙って立ち去った。（略）

二人は病兵を追った。火の気のない暗い小屋のなかに倒れていた。「おれたちが、火を燃やしてやるから、あたたまれ。芋はあるか、煙草はあるか」と、K曹長は、かいがいしく動いた。バナナの枯葉に、煙草を巻いて火をつけ、口に入れてやった。泣いたのか、笑ったのか、かすかに表情がくずれた。泣くとか、わめくとかいうような感情は、とっくの昔に忘れてしまったのかも知れない。疎外の悲しささえ、もはや超えているのではないか。われわれの芋を飯盒に入れて、枕もとに置いてやった。Kは、「ほかにしてほしいことはないか」とたずねたが返事はなかった。終始、石のように一言も口をきかなかった。

その夜、なかなか寝つかれなかった。（略）「ここで、親切らしいことをしてみても、けちな自己満足に過ぎんのだ。あのガリの転進で何を見たか。畜生道に堕ちた浅ましい人間の姿だ。しかし、おれたちだって、ただ避けて通っただけで、人を助けてやったことがあっただろうか。自分のことだけに汲々とし、人を顧みる余裕もなかったということにおいては、そいつらと同じではないか。もう、ごまかしはきかんのだ。ここまでくれば、人間も雑魚に過ぎん。万物の霊長なんて、ちゃんちゃらおかしい。自分のこと以外に考えられるか」と、K曹長は忘れろと言いながら、自分自身への怒りをぶちまける。（『極限の中の人間』）

夜起き出して小屋を覗くと病兵はおらず、安堵を覚えたという。その病兵は死の影そのものであり、見る者の内に灯されたエゴの火は、懸命に生きんとする者の良心を痛め、善良な兵たちの心の内に、いつまでも疼く火傷を残していった。

何より、死にゆく者の運命は変えられるものではなかった。倒れた者の多くには、はっきりと死相が認められた。今ここで人間として施しをする相手が、はたして生命を宿した人間であるか、それすら怪しかった。置いてゆかれる我が身の境遇を重ね、俊寛の歌を口ずさみながら隣りで横たわっていた者の声が途切れる。おい、どうした、死んだのか、……死んだ。そういう日常であった。転がり落ちる石を止められる力は、誰にもなかったのである。

「天田が死んじゃったア、天田が死んじまったア」

追いついてきた曹長は流れる涙を拭うこともせず、母親の様にしてかいがいしく世話してやっていた兵隊の死を告げた。

「曹長殿、天田を置いて行って下さい。天田はもう駄目なことを知っています」

これには答えず、曹長は彼の額に掌をやって昨夜より幾分下熱していることを確めた。

「俺がいま飯の用意してやるから待っているんだよ」

含めるように言って、水筒と飯盒を提げて谷へ下りて行った。

岸辺に生えている先行部隊の獲り残しの水草を摘んで、少し時間がかかり、岸を這い登ったその時、曹長の耳膜を破る一発の轟音を聞いた。天田が己れが運命を知り、曹長の足手まといになるのを恐れて、自ら手榴弾自爆した消魂の音であった。

曹長は引き裂かれた天田に走り寄り、あまりの悲しみに持った水筒も飯盒も投げ出し、しばらく呆然と立っていたが、こみ上げる悲しみの憤懣に似てか、天田の屍を敲いて泣いた。

「馬鹿バカバカ…こんな場で死におって！　何んと言うお前は馬鹿だったんだ。俺の気が分からんかったかようお前は」（『魔境　ニューギニア最前線』）

助けてやりたくても何もしてやれない。身を切られる思いで、自らの命を切り分けるようにして差し出しても、彼らを救いあげるだけのものとはなり得ないのである。ある者は、山中で出遭った捨て子に握り飯を与えただけで救いあげなかった芭蕉の、「父を怨むなかれ、母を怨むなかれ、ただ汝が運命のつたなきを嘆け」、という文句を思い浮かべたという。

だが、かかる苦しみの中で人間を信じさせたものこそ、この善意と良心の儚い灯であった。戦争が人間らしい感情を徹底的に破壊した後に訪れた陰鬱な黄昏にあって、人間を勇気づけたものはやはり、人間に他ならなかったのである。人間の脆さを目の当たりにすることにより圧倒的な人間不信が支配した死臭漂う密林において、人間の記憶を、血の通った人間の最後の閃きを探し求める眼差しがなお残り、そしてその眼に、人間のけなげで美しい、懸命な努力が映じたことは、我々を勇気づけるものでなくて、いったい何であろうか。

この数日、両眼を失明した戦友を守る四、五人のグループと相前後して歩いていた。(略)美しい友情を畏敬の念をもって見守っていた。川でタオルを浸し、水を飲ませてやり、手をとって渡っていった。いつも静かなグループである。絶えず、みんなでとりまくようにして歩いている。ロープを伝い、辛苦しながら絶壁をよじのぼってゆくのを、じっとみつめていた。(略)ここまで辿って来た友情の支えは、何ものにもまして尊いものに思われる。心が洗われるような気がする。同時に、その美しさに比例して、絶望の黒い渦が、そのグループの周辺をとりまいているような気がしてならなかった。(略)危機をはらんだ美しさを、祈るような気持で見守らずにはいられなかった。はかなくして、しかも確かな友情を——。(『極限の中の人間』)

六——人は何によって人となるか

日本の兵は、南冥に浮いた魔の島にヒューマニズムの痕跡を残した。全員が横並びの獣に戻されつつ、自らの内に、いや、それ以上に他者の内に、人間の疼きと懐かしい記憶とを呼び覚ましていった。誰もが孤独な個人を生きたが、そのどん詰まりで待っていたのは、人間は孤独になどなれないという事実だった。

われ、孤独を愛す、などといったかつての日の気障な思い上がりを恥ずかしく思う。所詮、人間は「世の中」であり、孤独云々も相対的なものでしかない。「おれ」「おまえ」の対話の上に、甘えた孤独感でしかないのだ。(同)

我先に生を争う飢えた兵や死に行く兵とて、骨と皮ばかりの体に流れるのは、赤い血である。人の心に触れれば、その時ばかりは涙を流して人心地に戻った。

だが、戦場は容赦がなかった。人間に還れる瞬間は、果てしない苦痛の持続の中で、ひと時の晴れ間のようなものでしかなかった。すぐに厚い雲が地表を覆った。救われた思いがしたその一瞬後には、長い長い孤独な戦いが再開したのである。

そんなひとりの戦いにあって、忍び寄る自棄の衝動、もうどうにでもなれ、生も死も、いったいこの苦痛の前に何の意味があろうか、おっ母さん、俺は俺であることを止めます…、そういう気分は、あらゆる兵の内にあったろうと思う。自分が自分であること、郷里の父母の息子であること、日の丸をうち振って見送ってくれた幼い弟妹の兄であること、あの日二人で将来を語らった恋人であること、それは彼らにとって泣きたくなるほど忌まわしいものであったに違いない。俺はもう俺じゃないんだという慟哭から逃れる術はなかった。

ではいったい、何が彼らをこの死に至る陥穽から救ったのか。何が闇夜に灯火となって彼らを歩かせたのか。自分が自分であることから逃げさせないものは何であるのか。極限状態におかれた戦場で、もうろうとする意識の暗室の中、ふいに本来の自分を選び取らせ、記憶に違わぬ我でいさせるものは、いったい何であったのか。

ここに、思い出すべき存在がある。戦い以前に戦争そのものによって人間が廃滅していったニューギニアの闘争は、いわば日本の独り相撲であったから、登場人物は自ずと日本の兵隊に偏重してきた。然るに、この島にはもとより人間が居た。彼らは一万年前そのままの姿で暮らしていたが、近代文明の末子たる日本兵の到来に、些かの動揺も示さず、彼らのありのままの姿で向かってきた。鉄の化け物に弓矢で応ずるが如く、彼らは純朴な魂を裸のままでぶつけて来た。彼らの気高さや慈愛を前に、うらぶれた文明人たちはうなだれることしか出来なかったのである。

道路偵察に出て、坂を斜めによじのぼっていたとき、石がずり落ちて、危く膝をついた。案内を頼んでいた土民は驚いて、むんずとばかりに手首をつかまえてくれた。それからは、危険なところは無理に手をとって渡そうとする。全身をもって、かばおうとする気持ちが素直に感じられた。土民に接してまだ間のないころのこの感じは、最後まで覆らなかった。人間の底辺にあるこの大事なものを、すんなり身につけているかれらを不思議に思う。(『野哭　ニューギニア戦記』)

腹が減ったから盗んだという論理に、何の説得力があろう。(筆者注：農園から作物を盗んで追われた筆者らを、酋長は腹が減ったならそういえばよいと言って許した上に食べ物を与えた)かれらの厚意を感謝しつつも、人間的にはかれらの方が数等上ではないか、という気がしてくる。見下げ果てた行為を、かれらは高いところからせせら笑いながら、恵んでくれたのではなかったか。しかし、その表情には、もっと信実なものがあった。ただ、寛容と人情しか感じられなかった。かれらの精神構造は純白なのだ。素直に喜び、感謝すればいいのかも知れない。(『極限の中の人間』)

転進のとき、兵隊が安全剃刀の刃と、バナナとを交換した。それを見ていた将校が、その刃は錆びていて切れないものだ、兵隊のやり方は背信行為である、となじってその交換をやめさせた。土民も交換中止を承服したが、宙に浮いたバナナは、そのまま将校の手にはいった。（略）将校は執拗に兵隊を大声で叱りつづけた。「日本人として恥を知れ」とか、「皇軍の威信にかかわる」とかと御託を並べた。見え透いたポーズが、何とも嫌味だった。（略）

その夜、その老人はバナナを五、六本もってきて、その兵隊に食えというのである。ピジンが通じないので、言うことはよくわからなかったが、「自分のことで叱られて、すまない。これは少ないが、食ってくれ」というようなことらしい。手真似を加えながら、何度も頭を下げ、眼には涙さえ浮かべているのである。けちな、われわれの倫理を超えた、「人間」の温かみに触れて感動した。初めから、剃刀の刃などいらなかったのではなかったか、瘦せさらばえた兵隊をあわれんで、くれようとしたのかも知れない、そんなことを考えながら、ここでも負けたという気がした。（同）

自然へ帰れ。そういう詰まらぬことを言うつもりはない。そんなものは稚気だと思う。楽隠居が山荘かどこかで宣う暢気な戯言ではないか。人間の歩みは、どんな時でも不可逆なのだ。その歩みが個人のものか社会のものかも問わない。歩いた道は、背負わなければならぬ。故郷を失うことは出来ても、故郷を捨てることは絶対に出来ない。私たちには、親父の頑迷から逃れることも、おふくろの蒙昧を嗤うことも許されていないのである。我々に出来ることはただ、そうした全ての因果を抱きしめ、なおしみ出してくる個人のしずくを愛おしむだけなのだ。

そしてそのひとり人間がやっと集めた一杓の成果、自分だけのものだと思ったその成果とて、我ひとりのものではなかった。俺が俺であること、それが人間であり続ける原点だったが、それを教えたのは同胞であり、土民たちであった。獣心に等しいと思っていた我が心からあらゆる近代的な垢と見栄と力みとを拭い去ってくれたのも、またその奥深くに見失っていた幸福な記憶を思い出させてくれたのも、すべては親愛なる他者であった。自分を懐かしい故郷に帰してくれるもの、それは常に、自分と同形の他者だったのである。

そのことに気付いた時、人は彼我溶け合うものを感じるのだろう。限りない信愛、限りない親しみ。自分自身であり得るということは、自らの中に汚れなき人間の魂を認めることである。偽りなき魂は、他者とも容易に邂逅していった。同じ記憶を、同じ人間であることを愛するようになったのである。そこには時として、敵味方の差別さえ忘れさせるものがあった。

「うっ!」と声をのんだ。出会いがしらに、敵の一兵にぶつかったのである。全く意表をつかれた椿事に、お互いそのままの姿勢で睨み合った。相手は、自動小銃を肩から吊している。睨み合っているうちに、相手の眼が笑った。同時にわれもかれも、くびすをめぐらして、もと来た道を一散に駆け下りてしまった。何ということだ。おかしさとともに、照れてしまった。銃をぶっ放すためには、相当の距離が必要である。人間の表情を見ながら、撃てるものではない、と覚った。(略)笑った、ということが愉快だった。(『極限の中の人間』)

文明に促された死闘の中で、日本の兵隊たちはかくも得難い経験を重ねていった。

三月も塩を食えない山越えにあって、後生大事にもっていた半分、スプーン一杯の塩を何気なく与えたというY軍医は、飢餓の内にあって「おやじは絵かきだが、潔癖で、でたらめ略字を嫌う。少しは、おやじの信条も生かしてやらんとな」（同）といって草書体の練習をしていたという。彼は、〝心の勉強〟という言葉を使った。「頭は、明るい弦も暗い弦も、掻き鳴らすことができる。それをコントロールするのが心だろう」とも言った。この軍医が生還したかどうか、それはわからぬ。だが、彼が絶望の中でも人間の階梯を登り続けていた事実は決して消えない。その後ろ姿、我々現代人の遥か上で暗雲の中に消えた彼の姿を追って梯子に手をかけるのかどうか、我々に問われているのは常にそのことである。

思えば戦後日本人は、言うなれば芋の増産に努めてきた。だが、本当に目指さなければならぬのは、芋一切れを手渡せる人間になることである。芋をふやせばそれでいいと思っている我々は、いつでも自分自身を見失う脆さを抱えているのだろう。

ニューギニアの戦記から得られる訓えとは、およそこういうものではないだろうか。それはたしかに、日本民族が経験した惨めで悲痛な敗衄《はいじく》の中に咲く、清浄な勝利の花だった。その美しい花を一輪添えて、ニューギニアの話を閉じようと思う。我と同じ他者なるものに一個の芋を手渡す勇気。愛国心や同胞愛というものが、もし健康に存在し得るとするなら、こういうところにその創造の原点があると、私は信じる。

「あれ、江村軍医どの。無事ですか」

と声をかけると、軍医はゆっくりと首をこちらへ向け、どろんとした目つきで私を見ていたが、

「ああ、君か。よく無事だったな。もうわしは一週間も食っとらんのでな。何か食料はないかね」（略）

「その袋の中にあるのはタロイモでしょうね。一つくれませんか」

と、江村さんは倒れかかるように近寄ってきた。現在の状況下では、イモの一個は千金にも換えられぬ価値があった。これを他人に与えることは、敗残兵たるわれわれの当時の心境として、とても思いつかないことであった。（略）この場合、江村さんに与えるべきイモはないと思う。私は静かに拒否した。

「そうか。しかたがない」

江村軍医は、一瞬泣きそうに顔を歪めて、歩き出そうとして、道のまん中の草むらに足をとられて、折れるように倒れた。自分の力では起き上がれないようすなので、私は近寄って彼をゆっくり助け起こした。私の皮膚と、江村さんの皮膚とが相接すると、今まで感じられなかった親近感が電流のように私の体内を走った。私はふとその時、この軍医さんに、一個のタロイモを与えようという決心がついた。

「くれるのですか。――めぐんでくれるんですか」

江村さんは私が彼の手に渡したイモ一個をおし戴くような恰好で受け取った。そしてその手を静かにおろし、ていねいにイモを地上に据え、両手を合わせて私を拝んだ。拝まれながら、私は静かに彼の顔を見つめた。見る見る、江村さんの両眼から涙があふれるのを見た。私の目からも、同じように涙が流れた。（略）

彼はイモの皮もむかず、生のままでガシガシと食べ終わった。

「ああ。おかげでやっと人ごこちになりました。ありがとう。ほんとにありがとう」

といって歩きかけた。吉田少尉がその時、

「軍医さん。私もあげましょう」

といって、袋から一個のイモをとり出した。江村さんは、じろりと吉田の方をふりかえり、

「そうか。また呉れるんですか。ありがとう」

と静かにいい、そして私を拝んだように吉田を拝んだ。吉田が与えたイモは、ポケットにしまい込んだ。

「ありがとう。生きていたら、いつかお礼をしますから」

と、念を押すように低い声でいって、杖を突きながら、静かにゆっくりと、一歩一歩を踏みしめて、われわれから去って行った。われわれ二人は、少々照れたような気持ちで、顔を見合わせて笑った。（『ニューギニア戦記』）

第二章

凍てつく日の丸

落日の大地シベリアに生きる

一――忘れられた苦衷

「――日本人は最低の民族だ――」

（舞鶴港引揚寮に残された落書から／御田重宝『シベリア抑留』(1)）

ニューギニアは、大東亜戦争の全期間全地域を通じて最悪とも言える苦痛を生んだ戦場だった。かの地を踏んだ将兵の嘗めた辛酸は、当然ながらこれ以上はないというほど悲惨なものである。前章では、その悪条件を泳ぎ切った男どもがあの時、あの場所に存在し得たという事実、人間を信じさせる希望の在り処について確認した。ニューギニアは地獄の戦場だった。然るに、我々を叱り、我々を諭し、我々を勇気づける戦場でもあった。

だが、戦争は不定形である。ここに清潔な戦場ありと言えば、あそこには汚辱に塗れた戦いがある。シベリアだ。北へ向かわねばならない。日本人が経験した暗い、もっとも暗い戦場は、凍土に蔽われたユーラシア北辺の地に現出したのである。

この点、シベリアでの出来事、すなわち〝シベリア抑留〟については、戦後ろくろく扱われてこなかった。この事情は、冒頭掲げた『シベリア抑留』の解説でも触れられている。

シベリア抑留は、わが国の戦後処理の最重要課題の一つであり、国家的な「大事件」であった。しかしそれにもかかわらず、その記録は断片的で、個人の体験記を除けば非常に乏しい。数多い「戦後史」もほとんど目をつむっているのが実情であり、わが国ジャーナリズムでも本格的に取りあげられることはなかった。

斯様な扱いとなった事情は種々ある。たとえば、満洲建国大学の教員だった西元宗助は次のように述懐する。

この書の刊行にはいささか苦労した。というのは、当時、三、四の出版社にあたってみたが、どの社も躊躇して引き受けてくれない。それは私が無名のものであったからだけではない。それよりもソビエト・ロシアのことを批判的に書いている。これでは日本がソビエトに占領された場合、われわれも、巻き添えをくうことになるという懸念であった。(『ソビエトの真実』)

今となっては誰も相手にしないだろうが、この国では北朝鮮が夢の国と叫ばれた時代もあった。シベリア抑留を書けば、自ずと批判が共産国に向く。これを嫌う向きがあったことは想像に難くない。現に、ソ連びいきとも思える者によって語られるシベリア抑留への言説は、腹立たしいほどに抑留者の神経を逆なでするものだった。

人には目があるから目の前にあるものは、皆見えるはずだという素朴な理論が、いわゆる手記の根底にあるわけだがそんなことはない。（略）今日帰ってきた人々は、その理由の正当不正当はともかくとして、ともかくなんらかの犯罪によってとらわれていた人である。これらの人々を留めておいた国が、これを解放し、帰国させたその厚誼に対しては日本人全部が感謝しなければならない。（京大教授桑原武夫の言、『シベリア抑留』より）

シベリアのロシア人たちにとって、その記憶（筆者注：日本によるシベリア出兵）は、今の私たちのシベリア抑留の記憶と同じ程度に鮮明であったはずである。

しかし、だからと言って私は、日本人を強制労働のためにシベリアへ連行したソ連の政策がよかったと言っているのではない。あの政策は、日本のシベリア出兵が愚であったように、ソ連の失敗であったと思う……。（国立民族学博物館名誉教授、創価大学文学部教授加藤九祚、『きらめく北斗星の下に』に寄せた辞）

前者に対しては長期抑留者だった小原豊が「この驚くべき無知……。ラーゲリこそソ連の縮図であり、われわれが付き合った相手は囚人だけではない。数週間の招待旅行などでこの学者が見て来たロシアは玄関と表座敷だけだ。本当のソ連を知りたければ招待旅行でなくただの一年でよい、ソ連のラーゲリ生活をしてこい」と、痛快な反駁を加えているが、抑留者に対し冷淡とも無礼とも思えるこうした態度は、戦後日本の〝人類愛の申し子〟たる左派知識人の典型ですらある。彼らにとって、人類である前に日本人であるということは狭隘なナショナリズムに過ぎないのであろうが、その物言いは同胞への冷淡さと過去への無遠慮さにおいて極めて日本的である。

また、これについては後述することになるが、ソビエトから持ち帰られた報告は奇怪な側面をもっている。それは、抑留者が左右に分かれ、片やソ連を「我が祖国ソ同盟」と言い、片や「この恨み決して忘れまじ」と言うのである。誠に理解し難いが、現に舞鶴への帰還後、大挙して代々木の日本共産党本部に向かったり、日比谷で暴動を起こしたり、或いは「お父さん、家に帰ろう！」と取りすがる娘を「寄るな！」と一喝、文字通り足蹴にし、共産主義運動に驀進してゆくような出来事もあったのである。そうした一筋縄ではいかない奇妙な性格が、戦後日本社会の人を遠ざけた面もあろう。

だが、そうはいってもやはり、シベリアで日本民族が潜り抜けた経験は並ではない。生き物の生存を許さぬ凍てつく大地での抑留間、数え切れぬ同胞が〝白樺の肥やし〟（後述する民主運動の掛け声）となった耐えがたい苦衷は、歴史の闇に葬られてよいものではない。

実際、抑留者には解消されぬ情念がいつまでも残っていた。戦後数十年を経て堰を切ったように抑留記が出版されていったのはその証左であろう。それらの紙面を埋めたものは、単なるソ連への怨みや我が身の不幸を嘆く繰り言ばかりではない。もちろん、鼻白む武勇伝や説教臭い回顧録などでもない。切実な思いから書かれた抑留記に共通するテーマは、戦友への鎮魂(2)とともに、戦後日本社会と日本民族への警鐘であった。そしてそれは、通り一遍の反戦・平和の御念仏でもなかった。彼らの暗く冷たい記憶の内には、虫けらのように殺され、また自ら虫けらに成り下がってゆかざるを得なかった人間だからこそ抱える、人間と日本人への不信、そして国家や社会への徹底的な懐疑があったのである。

確かに現代は、日本の社会は発展した。戦後の荒廃と混乱の中から立ち上がって空前の飛躍と繁栄をかちえた。（略）だが、しかし、果して今日までの繁栄が真の繁栄と断言出来るであろうか？　私には疑問が残る。（略）国家も民族も社会も故里も忘れはてて、拝金拝物主義者になり果てんとする日本人の根生（ママ）、エゴイズムは、いつかの日、終戦時にまさる手痛い打撃を受ける時が今のままに推移するならば、あるいは来るかも知れない。（山科美里『ラーゲル流転』）

思えば、私の祖父もシベリアに抑留された一人であるが、彼もシベリアの経験を自ら語ることはなかった。しかし、小学生だった私が尋ねると、ひとつひとつ、自分でも丁寧に思い出しながら、遠い目で語ってくれたことがある。幼心に、世界にはもう一つ現実があることを知るような気がした。祖父とて、戦後日本社会に自身のシベリア抑留体験を接続する経路を見出せない、孤独な抑留者の一人だったのだろう。

私は孫として、そしてそれ以上に、ひとりの戦後日本人として、彼ら抑留者たちの経験をたどり、その苦衷のほんの一端でも担っていきたい。時として私は、日本や日本人に対する断罪的な姿勢をとるかもしれないが、それは決して彼らを裁くものではないのである。彼らの置かれた立場とその酸鼻を極めた経験を思えば、如何にしても彼らを非難することは出来ない。とても出来ないのである。目指すのは、彼らがその苦衷の果てに書き残した思いを拾い、噛みしめながら、批判と反省に努めることである。そしてその矛先は、シベリアにおける彼ら抑留者の醜さに向けられたものではなく、人間に、否、日本人として生きるわれわれ自身に向けられるものなのである。そのことを言明しておいて、まずは満洲に足を踏み入れたいと思う。

（1）昭和六十年から六十一年にかけて中国新聞朝刊に連載されたものであり、戦記ではないがシベリア抑留の全般について、抑留者の証言も含め、豊富な資料と取材に基づいた公平な解説が施されたものである。シベリア抑留の大略について理解するのに好適なばかりか、その影にある諸問題への示唆も含んでいる。

（2）「私は原稿を書いている時、空中から何かの力が働いてきて書かされてしまったり、ある人は夢に現れたりした。また、『俺は弔いをしているんだ、俺は弔いをしているんだ』と心の中でつぶやきながら書いたこともあった。」（松﨑吉信『白い牙』）

二――敗戦前後

シベリア抑留という言葉を知らない者はそう多くないだろう。敗戦時、満洲や樺太千島に居た日本軍将兵や一部の民間人（官吏、警察官、協和会職員、語学教育機関職員、看護婦等）およそ六十万人が、最長十一年間に渡って酷寒の地シベリアに抑留された上、強制労働を強いられたのである。数字に関しては日ソ間で開きがあるが、一割にあたる約六万人が犠牲になったと言われる（これより大きい数字もある）。

一九四五年八月九日、ソビエト連邦軍は日ソ不可侵条約を破って満ソ国境から雪崩れ込んだ。当時満洲にあった関東軍の兵力はおよそ七十万を数えたが、実態は張り子の虎だった。なぜなら、かつて世界最強と精鋭を誇った関東軍も、その主力部隊は戦況が悪化した南方へと逐次転出させられ、重火器類も本土決戦に向けてその大部分が抽出転用されていたからである。昭和二十年五月に行われた所謂〝根こそぎ動員〟により初老の二等兵や開拓団の民間人なども頭数に加えてなんとか体裁を繕ったが、その装備は目も当てられず、急ごしらえの編成部隊は丸腰も同然だった。銃剣は竹光、水筒や飯盒も竹製（飯盒は細い竹で編んだもので、当然ながら炊さんの用は成さず、汁物も入れられない）、銃は二人に一丁あれば上等といった有様で、中には銃口が開いていない小銃まであったというから、お話にならない。案山子に鉄砲を持たすどころか、その鉄砲さえも欠いていたのである。

これに対するソ連軍は機械化された大軍で、総兵力は百五十万強。百両にも満たない軽戦車しか装備しない関東軍に対し、三千両を超える戦車・装甲車を差し向けた。火砲、航空機に関しても、まるで比較にならない懸隔である。当時の関東軍が出来る抵抗と言えば、急造爆雷を抱えて戦車に飛込む肉迫攻撃くらいのものであり、局地的には堅固な陣地に拠ってソ連軍を苦しめる激闘を演じた勇猛な部隊もあったが、全体としては開戦と同時に〝勝負あった〟のである。当時新京にあって満洲国高官（文教部次官）だった前野茂は次のように記している。

首都が爆撃されているというこの瞬間に、一発の高射砲音もしなければ、一筋のサーチライトも星空を切ろうとしない！　一機のわが戦闘機も舞いあがろうとしない！（『生ける屍Ⅰ』）

問題は、民間人だった。なにせ、広い。百万平方キロを優に超える（日本内地の約三倍）満洲である。狭小な島国にひしめき合って住む日本人からすれば無限の大地といってもよい。そこに当時、百三十二万人ともいう同胞が大陸雄飛を夢見て入植していた。瓦解した関東軍がこの広い地域を守れるはずがない。住民は裸でソ連軍の前に放り出される恰好となった。

とりわけ厳しい立場に置かれたのが満ソ国境地帯（三江省、東安省、牡丹江省、間島省等）に多かった開拓団員及び少年義勇隊員である。敗戦当時、約八百の開拓団総勢二十二万人余りが各地に点在しており、開拓青年義勇隊と呼ばれた少年義勇隊(1)も、約九万人が辺境の地に民兵のような形で配置されていた。戦乱に慣れた中国人曰く、世が乱れると都市は危ないから地方にいるのが良い、しかし、大荒れに荒れるときはかえって都市が安全なのだという。満洲はまさに未曾有の大荒れ。在満邦人は皆、鉄道沿線都市を目指して決死の逃避行を試みた。

だが、ソ連軍の魔の手が伸びるのは早かった。そのうえ、八月十五日の無条件降伏でもソ連の進撃は止まらなかったのである。八月二十三日、第五方面軍参謀長は次のように打電している。樺太千島においても、状況は満洲同様に深刻だった。

「北部樺太方面の防衛平静ナルモ、真岡方面ノ敵ハ頗ル惨虐ニシテ、住民ヲ惨殺、一般避難民ヲ機関短銃ヲ以テ猛射シ、此ノ機ニ乗ジテ悪質朝鮮人の惨虐行為跳梁スル等、真ニ目ヲ覆フベキモノアルヲ以テ同方面等第一線部隊ハ若干ノ対抗手段ヲ執リタルガ、当方ニ於テハ現地部隊ニ対シ国家保全ノ大局ニ立チ万事ヲ諦メ完全ナル無抵抗主義ニ徹スベキ旨指導シアリ……」（御田重宝『シベリア抑留』より）

満洲引揚の話をさらに暗くしているのは、当時の関東軍が居留民を見捨てたとされる事実である。勿論、弱体化した関東軍に居留民を守る力はなかったし、彼らとて限られた資源・能力で国策を遂行する一政府機関に過ぎない。強大なソ連軍を相手に広大な地域で戦争を遂行すること自体がどだい無理な話だったといわれれば、その通りである。
しかしながら、一政府機関といってはとても片付けられないのが関東軍でもあった。参謀本部の意向など歯牙にもかけず、独断専行で大陸政策を推し進めた関東軍が、いざソ連の侵入を許せばあっという間に撤退を決めるようでは、どうにも示しがつかないのは事実だ。実際、関東軍は七月二十五〜二十九日に開かれた協和会全国連合協議会において、次のように宣明していた。

長期間のドイツ戦を戦い抜き疲れ切っているソ連が、あえて満州に出てくるとすれば、それは、関東軍がぜんぜん無力になったときであり、まだ関東軍の健全である現在では、到底満州を攻撃することはありえないと信ずる。であるから、満州国官民は、軍を信頼し、平静に業務に精励してほしい。（『生ける屍Ⅰ』）

軍にこうまで言われれば、それを恃みとするのが人情だろう。しかしながら軍は、八月十日、早くも朝鮮国境に近い通化省への司令部移転、首都撤退を決定した。市民が逃げ惑う中、軍関係者が鉄道で避難して行く様を目の当たりにした前野は次のように憤る。

なんということだろう。これが満州国を指導する立場にあって、精鋭を誇っていた関東軍の中核である司令部幹部の態度なのか。この機にのぞんで一般市民を見捨て、いち早くおのれの妻子を戦線の後方遠く、もっとも重要な軍事輸送機関である鉄道を使用して逃がしている。これには彼らなりの理由があったのかもしれない。（略）しかし、いかなる理由があったとしても、精神主義を強調し、道義を基盤としている日本軍の指導者たちである以上、むしろおのれの妻子は犠牲にしても、まず一般市民を先に退避させるべきではなかったか。（同）

前野自身留保しているように、軍には軍の言い分もあったろうと思う。「本日午後の汽車で逃げろ」というような非常時、当時満洲に全ての生活基盤があった居留民より、駐在員に過ぎない軍隊関係者の方が踏ん切りよく迅速に避難できることもあるだろうし、彼らから逃がすことには幾らかの合理性も認められる。しかしながら、満洲国を事実上取り仕切る立場にあった軍が、在満邦人をその武力によって守れないばかりか、自らの家族をいち早く避難させた事実は、御世辞にも立派とは言えまい。[2] 満洲引揚者が口を揃えて関東軍を非難するのは無理もないことである。

こうして野に放たれた在満邦人は、僅かな家財道具を背に子供の手を引きながら、ただひたすら、南へ南へと落ちのびていった。[3] 途中、中国人や朝鮮人からの暴行、略奪も多発した。五族協和の理念の下に打ち立てられた満洲国であったが、日本人にとって縁もゆかりもない土地に、それも安く買い叩いて入植していった矛盾は、建国十三年で埋め合わせられるものでは到底あり得なかったのである。たとえば、冒頭にも登場した満洲建国大学教員の西元宗助は、敗戦後のエピソードを次のように書きとめている。友好的といえる中国人ですら、内心忸怩たる思いで日本統治下を生きていた。

中国系の学生もきた。彼らは口を揃えて、中国と朝鮮と日本との提携によるアジアの解放と独立をのべた。そのうちの一人は、「どんな気持で私たちが東方遥拝をやっていたかご存知でしょうか。『遥拝』と号令がかかれば、『要敗』と聞いて、日本は必ず敗けるぞと祈っておりました。『黙禱』と号令がかかれば『磨刀』と聞き、帝国主義日本を打倒するための刀を磨けとの合図と思っておりました」と打ち明け話をした。（『ソビエトの真実』）

もちろん、日本が満洲において、或いはアジア各地において行った事業が全て帝国主義、侵略主義の産物であり、大日本帝国のアジア政策は徹頭徹尾悪行に過ぎなかったと言う気はない。当時の歴史的文脈において、日本の対外膨張は一面やむを得なかったばかりか、そこに従事した日本人たちの胸に、偽りなき興亜の精神があったこともまた、否定できるものではないからである。これについては当時のアジア進出を反省する者であっても公平に述懐しているので、ここに引いておく。

あの国は日本帝国主義の所産だ、として批判されるであろうけれど、あの国の建設にしたがっていた日本人の中には、ほんとうに現住民の福祉を考え、相携えて東洋人のための理想国をつくろうという理想と熱意を持っていたものもたくさんいたのだ。（『生ける屍Ⅰ』）

また満洲国の国務総理だった張氏も終戦後、避難しながら打ちひしがれている日本人官吏に次のように語りかけている。

君たち日本人は決して心配しないでよろしい。日本人がこの十数年間に満州でやったことについては中国人はよく知っている。いろいろ無理な点もあったが、日本人はたしかに満州の人民の福祉のためによいことを沢山やってくれた。この土地に立派な都市を幾つも建設し、鉄道、道路を敷設、延長し、通信機関を整備し、またこれだけたくさんの大工場を設けたり、学校、病院を建てたりしていることを、蔣介石が見たら、きっと君たちを理解すると信ずる。（同）

こうした記述は特段珍しいものではない。満洲に限らず、八紘一宇の精神実現を邪心なく目指した日本人は、我々が想像するよりもかなり多かったといって間違いはない。しかしながら、それが国際場裡における日本の活動と一致していたかというと、必ずしもそうではなかろう。否、日本の進出及び現地人の徴用等が多分に強圧的・侵略的な色味を帯びていたこともまた、否定し得ない事実である。シベリアの収容所生活がいかに酷いものであったかは後に見るが、日本が満洲で強いたものもまた、良心的とは到底言えないものだった。

嫩江の陣地構築には「勤労報国隊」と呼ばれる満州各地から強制徴用された中国人作業隊が、軍の管理下で作業をさせられていた。（略）食糧事情は、軍隊の私達でも毎日コーリャン飯にキュウリの味噌汁、沢庵と悪かった。（略）彼ら中国人の食事も一層悪く、朝晩は包米（唐黍を砕いたもの）のおかゆであり、昼食は饅頭と決っていたが、量は極端に少なかった。炎天下の過酷な労働ですっかり弱り切った体に、その食事内容では健康であろうはずもなかった。（菅原朝喜『シベリア・一九四五年八月十五日』）

も少し見てみよう。これはある日本軍兵士が、シベリアへ送られる際に浮かんだ危惧を記したものである。ソ連の罪状を軽くする意図はないものの、日本人とて後ろめたさはあったのである。

われわれの脳裏にまず閃いてきたことは、将来の米ソ対立に備え、西ヨーロッパに堅固な要塞工事が行なわれ、その作業に酷使されて、あげくの果ては機密保持上全員が抹殺されるということ。これは、関東軍が数年前、東部ソ満国境の虎頭要塞工事に多数の中国人捕虜を使役し、完成した瞬間、全員機関銃で始末した事実を知っての上での危惧であった。（鈴木七郎『アルタイに哭く』国書刊行会「シベリアの悪夢」所収）

斯様な背景(4)があったからこそ、引揚時における日本人の立場は一層苛酷なものとなった。流浪する亡国の民衆を女子供に至るまで痛めつけた暴民は憎むべき存在であるけれども、彼らの良心に逃げ場を与え、復讐心の暴走を許した責任の少なくとも一端は、日本の植民地支配にあったといわなければならない。それは決して、所謂〝自虐史観〟などではない。

こうして在満邦人の運命は決した。孤立無援の満洲の地にあって、北からはソ連軍に攻めたてられ、四方からは現地住民が襲い掛かったのである。外地にある敗戦国の民ほどみじめなものはなかった。婦女子は次々と襲われていった。

子供を抱えて逃げようとする父親。風呂敷包みを背負った腰の曲がった老婆。みんなマンドリン（筆者注：ソ連軍の自動小銃）の標的になった。真っ赤な血がふき出している人たちをけっ飛ばし、少しでも動くようなら、とどめの弾丸を撃ちこむ。わるガキどもが鶏を追い回わすような按配だ。ソルダート（筆者注：兵士）は、武器を持たない民間人を殺傷するのを楽しんでいるかのように見える。屋外に飛び出した子供をさがす若い母親と、裏口からとうもろこし畑に向かって飛び出した女性二人が捕まって、納屋の中に追いこまれた。しばらくたって、ソルダートが三人、ズボンをずり上げながら出て来た。表情が変わっていた。無表情で鬼のようなソルダートの顔に、赤味がさしている。すると、それまでやみくもに撃っていた三人が、さっと納屋に入っていった。そんなむごいことに馴れているらしく、彼らのバトンタッチはしごくスムーズである。(小松茂朗『シベリヤ黙示録』)

男のいなくなった女、子供ばかりの収容所には、夜になるとソ連兵が掠奪、暴行におしかけてきた。(略)ソ連兵がくると、無理に子供を泣かせて気勢をそごうとしても、それを蹴ちらし、皆んなの見ている前で犯し、連れ去ったりした。(佐藤清『シベリア虜囚記』)

「十二、三歳の少女から二十ぐらいの娘が十名程タンカに乗せられて運ばれていた。それはまともに上から見られる姿ではなかった。その全員が裸で(略)幼い子供の下腹部は紫に腫れあがって、その原型はなかった。大腿部は血がいっぱいついている。次の女性はモンペだけをはぎ取られ下の部分は前者と同じだが、下腹部を刺されて腸が切口から血と一緒にはみ出している。次の少女は乳房を切り取られ片目をあけていたが死んでいるのかもしれない。次もその次もほとんど同じ姿である――」(平本直行『文藝春秋』五十八年三月号、御田重宝『シベリア抑留』より)

親は子を殺した。とても連れては行けなかった。可愛い盛りの幼い我が子を、追いつめられた母親たちは自らの手で絞め殺した。殺せぬ子は、ついてこられぬようにした。この世の地獄などとひと口に言えたものではない。戦争のことなど何も分からぬ幼な子たち。短い人生の最期に彼ら彼女らが見たものは、鬼となった母親たちの姿だったのである。

足手まといになる子供は親の手でしめ殺したり、三、四歳の子供は、殺すにも殺せず、立木や鉄道線路にヒモやロープで、しばり付けて来た。中には「カアチャン、カアチャン、泣かないから連れて行って！」と泣き叫ぶ子供をそのままにしてきた。（『シベリア・一九四五年八月十五日』）

「お母さん……」
その声も、次第にうめくだけになって、ついにはうずまり、泥の中に沈んでゆく。（略）
「許して」
彼女は何度もつぶやいた。涙が雨といっしょになって、とめどもなく流れる。（同）

もうどうにもならない。団長のいう〝自決〟を心に決めた。

「静子ちゃんも、勇ちゃんも聞いて……」

とうもろこしを倒した上に二人をならばせた。

「お母さんも後から……」

終わりの方は涙で言葉にならない。二人の子供も泣きながらコクッと頭を下げた。二人とも母親の言葉で漠然とではあっても、どうやら理解したようだ。

「三人で、おじいちゃんとお婆ちゃんのいる日本へ帰りましょうね」

二人ともまたこくりと頭を下げた。三人とも涙でぐしょぐしょになった。二人の子供が胸に抱いた人形も濡れている。佐伯はまず、静子ちゃんの首に紐をかけた。（同）

引揚の苦難は言語に絶する。満洲からシベリアに運ばれていった日本軍将兵を苦しめたのは、まずこの種の光景であった。多くの抑留記が降伏前後のこうした光景から書き始められているのは、それだけ彼らの心に深い傷をつけたからであろう。満洲国協和会の理論指導者だった伊東六十次郎（後に大陸政策を巡り離脱）は『民族のいのち』において、「降伏当時において最も堪えられない思いをしたのは日本の男性が女性をまもることの出来なかったことである」と書いている。

時には、手を差し伸べられる距離にいながら、それを為し得なかったこともあった。敗戦後、ソ連軍に命じられて関東軍糧秣倉庫を警備していたところに飢えた避難民の群れが辿り着いた。何とかして食糧を渡してやれないものか。一団が目に入った時から手に手に食べ物を握りしめていた兵隊たちは、ソ連軍の制止でそれを与えることも出来ず、弄ばれ、すり潰されていく同胞を見ながら、悔しさに涙をのんだのである。

「兵隊さん、助けて下さい」

このかすれた声は、私の耳に今も残っている。（略）然し、ソ連軍の厳命と、厳しい監視下に在って、一歩も近寄ることができなかった。……この無念さと、私たちを見つめた、母親たちの悲しい、いや怨めしく睨んだあの顔が忘れられない。私たちの眼前で絶命した者もいた。子供をひきずって立ち去る開拓団の婦女子を、私たちは溢れる涙をおさえ、後ろ姿を拝んで見送ったのである。……それから一時間程経過した時であった。その集団のすぐ横をソ連軍の戦車隊が猛烈なスピードで走り抜けて行った。キャタピラで捲き上げた土煙が、風で流された後に、数人の死体を私は双眼鏡の中ではっきりと見た。（野澤恒夫『岸壁の日まで』）

憎き関東軍と言うが、目の前の非情な関東軍兵士とて、ついこの間兵隊にとられた者がほとんどだった。彼らは民間人と何ら変わるところがなかったのであり、自分の妹が犯され、弟が殺されるのを見る思いだったのである。

こうした状況をさして、石原吉郎は、「ここでは生存ということが、むしろ敗北なのだ」（『オギーダ』）と書きつけた。「死にざまから生きざまへの転換は、むざんなまでに不用意である」とも言った。生きることよりも、死ぬことの方がよほど容易だったし、合理的ですらあった。いや、道徳的でさえあったのである。それでもなお生きることが残すものは、石原の言を借りるなら、〝うらみのようなもの〟でしかなかった。なぜ生きることを選んでしまったのかという後悔と自身への怒り。それは日本民族が清算される過程において、ひとり人間の生が廃滅していく、見るも無残な審判の場面であった。シベリアへの移送は、こうした民族敗残の景色の中に始まっていったのである。

（1）少年義勇隊は、高等小学校を卒業した十四歳の少年を茨城県の訓練所で四十日間訓練し、満洲でさらに三年間教育を施したのち、辺境各地に配置された。

（2）満洲国首脳部にあった前野茂の証言によれば、対ソ開戦時の辺境の取り扱いについては事前に検討があり、あくまでも死守を基本とするか、或いは早期引き揚げかを巡って議論がなされたという。軍が心おきなく戦えるためにも早期引き揚げすべきだといった意見も出たが、結果としては、「軍の要望ということもあり、現地の日本人には気の毒だが死んでもらおうということになった」（『生ける屍Ⅰ』）のであった。

（3）逃避行には数限りの無い悲劇があり、老人もまた、受難だった。

「壁ぎわに人のうごめくけはいがする。よく見ると、瘠せ細った老人が、糞にまみれて横たわっている。あまりの凄惨な光景に、愕然として立ちつくした。老人は人のけはいに、うしろを向いたまま異様な声で何かを訴えているようだった。中風で逃げることが出来ず、とり残されたらしい。」（佐藤清『シベリア虜囚記』）

（4）また、松﨑吉信は当時の満洲国首都新京の様子を次のように記している。

「そこが宮廷府であった。裏には吉林行の鉄道の土手が見おろすようにそびえている、嫌な場所であった。これに比べ、関東軍司令部は新市街の、駅前大通りから少し右に入ったいい場所にあって、天守閣をあしらった立派な建物であった。〝五族協和〟などと口先ではうまいことを言っても、誰が満州の主人か、一目でわかった。新市街への宮廷府移転工事は始まっているとは聞いていたが、日本兵の私でさえ不愉快であった。」（『白い牙』）

三——抑留生活

「シベリアはどうしてこう寒いかね？」
「神様の思召しでさ」と、がたくり馬車の馭者が答える。

（チェーホフ『シベリアの旅』神西清訳）

日本軍将兵の移送はじきに始まった。ソ連軍が内地へ帰すと約束していたこともあり、ほとんどの部隊はおとなしく武装解除に応じた。皆、敗戦に茫然としながらも、心は早くも内地へと向かっていた。素質の悪いソ連兵（開戦当初第一線に投入されたのはソ連の囚人部隊と言われており、彼らは鎖を解かれた獣となって、暴行や略奪に際限がなかった）から受ける屈辱に耐えながら、歯をくいしばって帰還を待った。営々と築き上げてきた満洲の物資、財産が根こそぎ収奪(1)されていくのを横目に、汽車の貨車へと押し込まれた。

だが、内地に帰還させるというのはソ連の嘘だった。(2)汽車は北へ向かったのである。貨車の隙間から太陽の位置で方角を知った兵隊たちは騒ぎ出した。おい、北へ向かっているぞ！　いや、きっと一度ソ連領に入って沿海州から出港するんだろう、などともっともらしい理屈で納得する。しかし、分岐点を過ぎた汽車は進路を西にとった。なに、長い鉄路だ、場所によっては遠回りにもなるのだろう。何とかして都合の良い解釈を探したが、汽車が一路西へ西へと進んでいくと、皆観念したように下を向き、誰も話さなくなった。狭い貨車に押し込められた移送生活は、長いと一カ月あまりも続く。日本人は千人単位の作業大隊に編成され、シベリアの奥地に送られていった。

シベリアと簡単に言ってきたが、大半がタイガ（針葉樹林）に蔽われたこの広大な酷寒の地は、ウラル山脈で西をヨーロッパロシアと画され、広義では日本海に面する沿海州を含んだ、ユーラシアの北半分に近い地域である。囚人国家ソ連には、いたる所に収容所や刑務所が存在した。ソ連邦の人口は当時二億五千万弱と言われたが、その内二千万人近くが囚人となっていたともいう（四千万人と言った者さえ居た。なお、日本の囚人数は明治以来十万人を超えたことはなく、近年はおよそ四〜六万人程度で推移している）。恐ろしい数である。向こう三軒両隣から一人や二人の囚人を出している計算だ。それというのも、かっぱらいをした子供に刑期十年、外国軍人と談笑をしたから十五年といったような出鱈目な量刑が科されていたためである。(3)

しかるに、生命の希薄なシベリアは、こうして膨れ上がった囚人も易々と呑み込んだ。日本人抑留者はこの広大無辺の地域に隈なく分散配置された。彼らが到着したのは、西はシベリアからもはみ出すウクライナのハリコフから、黒海・カスピ海に挟まれたトビリシ、北は北極海を目の前にしたウォルクタやナリリスク（ノリリスク）、南はウズベクの古都フェルガナにい

シベリアの捕虜収容所分布

※『きらめく北斗星の下に』より（シベリア抑留画集出版委員会 ©1989）
資料：厚生省　満洲・樺太・千島における日本人の日ソ開戦以後の概況（岩槻泰雄著『シベリア捕虜収容所』上巻、サイマルサイマル出版界）

たる、大小数百の収容所だった。

その収容所で待っていたのは、飢えと苛酷な労働、骨まで凍る寒さに、病疾と虱だ。

抑留者を苦しめたのは、何といっても食糧事情の悪さである。特に最初の冬、即ち昭和二十年から二十一年にかけての冬期食糧不足はひどく、とてもじゃないが命を保てるものではなかった。この時、ソ連全体も第二次大戦による農村の疲弊と穀倉地帯ウクライナの凶作により食糧事情が極度に悪化していたため、収容所ではソ連側管理者の横領も蔓延し、抑留者に渡る食事は日に二、三百グラムの黒パンと水のようなカーシャ（スープ）に過ぎなかった。重労働を課されながら、一日当たり千六百キロカロリー程度しか支給されないケースもあった。この劣悪な給養により、この間の死亡者は抑留全期間総数の四分の三にも達したのである。[4] ニューギニアでもみられたことだが、飢えは最も効率的に短期間で人間を破壊してゆく。飢えた日本人は恥も外聞もなく、手当たり次第になんでも口に入れるようになっていた。

炊事場の外の地面に張っている氷の中に人参が棄ててあるのをみつけた。（略）長い間生野菜に飢えている私には、この半ば腐っている人参が得も言われぬ珍味に思えた。まだ何かないかと探してみる。高橋君の姿が見えなくなったので探していると、家の裏手にある豚小屋に入り込んで、豚を隅に追いやり、そこに投げてある馬鈴薯を拾っている彼を発見した。これには私も吹き出してしまった。豚の上前をはねている。なるほどシベリヤではわれわれよりも豚サマのほうが給与がよいのであった。（河野卓男『シベリヤ抑留記』）

「この飯盒、誰のだあ。なんだか馬糞の匂いがするぞ」（略）

飯岡は、飯盒の中をしらべた。よく見ると、七つ蒸したうち、薯は二つであとの五つは馬糞[5]であった。馬糞は熱でふやけて強い匂いを出していた。飯岡は、馬糞は捨てたが二つの馬鈴薯は捨てることができず、ふたたび飯盒に入れて舎内にもどった。そして彼は馬糞の匂いとツユの浸み込んだ馬鈴薯を、臭いのを我慢しながら食べたのである。（三浦庸『シベリヤ抑留記――一農民兵士の収容所記録』）

捕虜生活では、熱量を含んだものはみな食べ物である。消えそうになる命の火にくべる薪を、餓えた男たちは血眼になって探した。「『穢い』『まずい』という言葉は通用しなかった。いつ死んだのかわからない烏の肉も、下水に落ちてふやけたパン屑も平気で食べた」（同）。僅かな食べ物を、横になってゆっくりと食べる者も居た。体を起こして食べるとすぐに下に落ちて排出されるような気がしてもったいないのである。味わうなどという暢気な理由ではない。少しでもよく消化して体にエネルギーを取り込もうという、哀しいさもしさだった。

抑留者が夜毎話すのは故郷と食べ物の話である。元旦、「綺麗な着物を着て、袴を穿いて、羽織を着て、座蒲団に座って、おとそを飲んで、おめでとうございます。――あ――たまらん」（小池照彦『赤い星の下に陽を求めて』）と言って毛布をかぶる兵隊がある。皆は思わず笑った。また、何がうまいか、何が食べたいか、という議論は白熱した。満洲育ちが多い収容所では中華料理に落ち着いたというのは、当然なようで面白いことである。一番人気は、およそどこでも、ぼた餅だった。

だが、無情な寄せ手である飢餓は、彼らが思い出に浸る愉しみさえ許そうとはしなかった。ある者は、就寝前に家族の顔を思い浮かべて無事を祈ることを日課としていたが、その記憶はだんだん薄れ、思考力は喪われていった。妻子の顔さえ、空腹を前に思い出せなくなった。妻の顔がパンに見える、子の顔が南瓜に見える、しまいには世の中すべてのものが食べ物に見えるようになった。

ついには、他愛のない食べ物の話さえ、醜いいさかいの種となっていた。

私たちは寄るとさわるとボタ餅の話をしたが、「それはオハギである」という組もいて、「オハギ」と「ボタ餅」はどう違うかで大論争が激しく交わされたのであった。（略）
これは沿海州でもシベリヤでも大論争となり、仕舞いには、仲たがいし憎しみ合って口もきかなくなった人たちも出た。（『シベリヤ抑留記――一農民兵士の収容所記録』）

抑留者は次第に変質していた。ニューギニアでも指摘した通り、戦場や収容所といった道を踏み外しやすい環境にあって道徳的であるとは、自らの記憶に馴染んだ生き方を守ることである。ところが、東京新聞記者だった小松茂朗は、リンゴを手にしていたロシア人の少女を前にして、我を失った。

自然に手が出てしまった。奪われまいとして、その子は必死になった。両手でリンゴをかばいながら、目から涙が落ちた。
そこで私はわれに返って、手を引っ込めた。（略）ごめんね、ごめんね、と私は、その子の頭を両手でつつむようにして謝った。いくらすきっ腹をかかえていても、子供のリンゴに手を出そうとした己れが恥ずかしい。（『シベリヤ黙示録』）

ぎりぎりのせめぎ合いだった。「武士は食わねど高楊枝」、「渇しても盗泉の水は飲まず」の心意気を持ちたいと頑張っていた者が、ごみ溜めにあった魚の骨を同胞と奪い合うこともあった。衣食足りて礼節を知るというが、食の足りぬところに礼節はなく、礼節なきところに人間らしい感情はない。小松にはまだ、自身を愛する意識、過去の自分を呼び覚ます経路がかろうじて残っていたが、抑留所内の空気が悪化していくことは止めようがなかった。軍律、戦友愛は、ここでも悲しいほどあっけなく崩れ去った。果たして、収容所内は獣の群れと化し、同胞が同胞に牙を剥いたのである。

気のいら立った兵たちは闇の中で毎夜のように殴り合いの喧嘩をするようになった。将校も全員ではないがソ連幹部の機嫌取りに終始し、兵たちの作業をいっそう厳しくした。将校のお気に入りの兵は、入ソ当時一等兵だったのが伍長に任官する始末である。質の悪い下士官たちは、元の軍隊当時以上に兵を殴った。兵を殴ることによって捕虜生活のうっ憤を晴らすかのようであった。（『シベリヤ抑留記――一農民兵士の収容所記録』）

このような劣悪な環境下での労働内容は多岐に渡った。代表的なものは、森林伐採、石炭採掘、道路工事、鉄道敷設等であろうが、その他にも漁業、煉瓦造り、機械修理、ジャガイモ掘りなど、なんでもやらされた。バム（バアム）鉄道（バイカル＝アムールの所謂第二シベリア鉄道）敷設作業は、〝枕木三本に一人の日本人が死んだ〟と言われるほど苛酷なものだった。やせ細った抑留者たちは、僅かな段差でも転倒するほど衰弱し切っており、自ら切り倒した木を避けることもできず、多くの兵が作業の間にも傷つき、死んでいった。
みるみる痩せ衰えた抑留者は、体位検査により次のように分類され、それぞれの労働に従事させられた（石炭採掘が主な作業内容だった収容所の例。日浦純一『虜囚記』国書刊行会「望郷の叫び」所収）。

一級―お尻に肉の残っている者。重労働適格者、坑内作業。
二級―まだ半分ほどお尻に肉の残っている者。準重労働適格者、坑内作業。
三級―もうお尻に肉はないが比較的元気な者。軽労働適格者、坑外作業。
ＯＫ（筆者注：読みはオカ）―ようやく歩ける者。構内作業、便所掃除、死体処理。

体位検査というが、検査とは名ばかりで、申し訳程度に胸の音を聞き、あとは尻の肉をつまんで肉付きをみたら、ハイお仕舞いである。検査では素っ裸にされた抑留者が並ぶ。ソ連の軍医（女医が多い）が一人ずつ尻をつまんでいく。誰しも三級やオカを望んだが、ソ連側にもノルマがあり、とても重労働に耐えられない体であっても労働を免除されるのは容易ではなかった。老人のように痩せ衰えた身体は、およそ見慣れた人間のものではなくなっていた。
俺の目が兵の出した尻にいく。兵の尻に三センチ程度の丸い黒いかたまりが両方にみえる。このような尻は初めて見る。「よし」といわれズボンを上げる。次の兵も、その次の兵も丸い黒いかたまりがある。何の病気だ、俺にもあるのか。俺はズボンに手を入れ尻をさわった。ある、ある、丸いかたまりが。俺の尻の脂肪はなくなりぺしゃんこだ。脂肪がなくなり皮膚が縮まって、かたまっているのだ。（生田正隆『ウラジオストック　トウキョウ　ダバイ』国書刊行会「シベリアの悪夢」所収）

このように尻の脂肪がまるでなくなった者は、後ろに立つ者から肛門が見えたという。立って歩いているのが不思議なくらいだった。

また、病気等により作業休が認められることも少なかった。というのも、収容所によって方針は異なるものの、当初神経痛や下痢にも作業休を許していたら、不調の有無と関係なく神経痛を訴える者や、便に水を混ぜる者が続出したため、労働力確保の面からこれを認めないことになったのである。これでは本当に体調の悪い人間が苦労することは目に見えているが、他人の迷惑などお構いなしになっていた者は、平気で仮病を使った。これにより、多くの患者や病弱者が地獄の責苦を味わうことになったのである。

一つ例を見よう。ここではまだ戦友愛が生きており、神経痛でびっこを引く仲間を庇って三箇月に渡り作業をさせず、焚火にあたらせていた。しかるに、彼は偽りの神経病患者だった。

ある日の夕方、ロシヤ人がトラックの上から大声で、「ヤポンスキー、レバー」（日本人、ソラッ魚）と言って、塩鮭のデカイのを二本投げてよこした。一〇〇メートルほど離れて作業していた私たちは、それっとばかり、皆、塩鮭目がけて駆け出した。
二本の鮭は果して誰の手に。ところが意外や意外、神経痛で毎日休んでいて、（略）見ても気の毒な痛々しい歩き方をしていた森川一等兵が、群を抜いて駆け抜け、塩鮭二本とも獲物にしてしまった。（『シベリヤ抑留記――一農民兵士の収容所記録』）

おまけにこの男は、そうして得た二本の塩鮭を全て独り占めにし、一切れたりとも分け合おうとしないではないか。こんなことがあっては、戦友愛が衰えていくのも当然である。そしてこれは、必ずしも特異な例ではなかった。多くの抑留記がこれに類する同胞からの裏切りや騙し合いを述懐している。

寒さもまた、痩せ細り、衰え切った抑留者を追いつめていった。シベリアの冬は、火も起こせぬほどの寒さである。零下二十度もあれば御の字、零下六十度にもなって寒暖計が壊れるようなことさえあり、そのような時は鉄製の斧もボロボロと砕けるほどで、野外作業者は次々と凍傷に罹っていった。

いかにソ連とはいえ、零下三十度を下回れば屋外作業は中止となる場合が多かったようである（二十度という良心的な収容所もあった）。しかし、広大無辺のシベリアには定まった掟がないのだ。四十度、五十度になるのも構わず作業に出されることもあった。列車がつけば、砕石下ろしなどに急遽駆り出されたが、そうした時は、皆死ぬ思いで作業に出た。肌が蠟のような色になってくると、凍傷の前触れである。おい、鼻が危ないぞ、と言われれば、赤くなるまで

手で擦って凍傷を防いだが、それでも凍傷となって指を失ったりする者が出た。(6)

そうして酷寒の作業から戻ると、まるで動く雪像のようになっていて誰が誰やら分からぬ始末。睫毛は凍り、目もろくに開けられない。それでも指先で凍った睫毛を融かしてみて驚いた。

舎内の温かさを少し感じはじめ、顔がヒリヒリ痛むのを覚えたとき、全く驚くべき事が起こった。それは、顔から、まるで名匠が念入りに彫刻したお面のような薄い氷がパッカリ剝がれたのである。

「あッ、ワシのも」

「おッ、俺のも」(同)

満洲も寒い。大陸の寒さは内地とは比べ物にならない。しかし、シベリアはそれに輪をかけた寒さだった。私の祖父も、糞尿が体を離れたそばから凍っていくのに驚いたと言っていたが、地面に大穴を掘って板を渡しただけの便所には、凍った糞の柱がそびえていた。放っておくと柱が尻につかえて用便の邪魔になるので、ある程度成長すると、これを鉄棒で突き崩すのが便所掃除の仕事である。砕けた糞は飛び散ってくっついたが、カチカチに凍っているからまるで臭くない。案外汚くない仕事だよ、という者もいたが、部屋に戻るとこれが融けて元の糞に戻るから大変だ。便所係を「仁王様」とか「お仁王様がやってきた」とか呼ぶ者もあったという。

だが、この糞で出来た尖塔で悲劇が起きた。夜間用便に立ったある少佐が、この糞の塔に気付かず勢い込んでしゃがんだところ、この糞の槍にぐさりとやられたのである。少佐は夥しい出血で倒れていた。糞の槍には血糊がべったりとこびりついて凍っていた。少佐はこの傷が原因で息を引き取った。便所ですらも息をつかせぬのがシベリアの寒さだった。

病気や怪我も命取りだった。収容所の医療など、まったく当てにはならない。ソ連の軍医は日本の医師とは異なり、実務経験をもとに看護婦に免許皆伝した程度の者が多かったから、医療の知識は素人に毛が生えたくらいの代物である。(7) そもそも、医療品も酷い欠乏状態にあった。下痢止めは白樺でつくった炭の粉末が多かったが、それすら間に合わず、皆で炭をガリガリ齧ることもあった。衰弱した抑留者は下痢でも死んだが、口を真っ黒に汚して死んでいるその姿は哀れを通りこして、実にみじめなものである。

極度の野菜不足は壊血症を招く。皆必死になってアカザやタンポポを食べたり、松葉のスープを飲んだりして補ったが、それでも発病した者は、「歯ぐきから膿の混じった赤黒い血が流れ、歯が独立した生き物のように口の中で勝手に動いた。脚も腫れ上がって、凍結した大根が融けたように、ぶよぶよと気味悪く光っていた」(水谷決司『日本人捕虜収容所』)。

重労働には怪我が付き物である。そして、外科治療もおよそ治療と言えるものではなかった。骨折してギプスを当てられた患者は、次のような有様となった。

関節のところに小さな穴を開けてあっても、傷の治療はとてもできず、化膿してドロドロの膿が溢れ出すのであった。松葉杖をついて歩き廻るたびに、あちらこちらに蛆をまき散らしていく。それさえも、気にするでもなく、おかまいなしというありさまだった。（佐藤清『シベリア虜囚記』）

このような収容所生活の中で、抑留者は一人、また一人と櫛の歯が欠けるように力尽きていった。チフスが流行った収容所では、七割近くが死に至るようなことさえあったという。この忌まわしい伝染病はソ連人が最も恐れた病であり、虱によって媒介された。虱はシベリアの酷寒にさらしても死滅することはなく、後に入浴時の衣服熱殺が普及するまで、どの収容所でも猛威を振るっていた。(8) なにせ、一年風呂に入らないこともあった生活である。氷のお面ならぬ垢の石膏型がパカッととれることもあった。服を脱いではたけば、ばらばらと肥った虱が落ち、服の縫い目にはびっしりと白い卵がうみつけられていた。虱はあばらの浮き出た身体からも容赦なく血を吸い取る。血など少しも流れていないように見える土気色の体に食いついた虱は丸々と膨れ、潰すとたしかに赤黒い染みをつくった。そして宿主に死が近づくと、一列になって去ってゆくのだった。虱にも見限られた者は、次の日には冷たく堅い、ひとつの物体になっているのである。

シベリアの四門、すなわち飢え、寒さ、強制労働、病は、全て詰まるところ死につながっている。抑留者はあらゆる責苦で死へと追い立てられていった。死は日常である。室内でも凍える寒さに一枚の毛布で抱き合って寝た相手が、朝になると冷たくなって死んでいた。一晩死人と同じ寝床にあったのである。あるいは、朝起きると軒先に何体かの死体が折り重ねられていることもあった。死体は物のように扱われた。働かなくなったそれは、壊れた道具に過ぎず、戦友の名前を持たない廃棄物に過ぎなかったのである。どの収容所にも屍体置き場があり、戦友の骸《むくろ》は薪のように積み上げられていった。

第四病棟の端に六坪ばかりの小部屋があった、これは屍室で扉を開けると死体を積み重ねてある。（略）死体は熱病にかかり衰弱死したもので、硬直し、ひからびた乾物の様で皆裸であった、顔を見たが変貌して誰やら見分けがつかなかった。（米田好男『シベリア・タイガの捕虜』）

死体がある程度溜まると橇に乗せて埋めにいった。稀に火葬することもあったが(9)、普通は許されなかった。しかし、冬期のシベリアの土は凍りついていてとても掘れない。力いっぱいつるはしを振るうと、火花が散った。そこで前の日から焚火で土を融かし、やっと数十センチを掘り下げて埋葬する。十分でないと、山犬や狼が掘り出して食べた。シベリアにおける人間の価値は、犬猫にも劣るものになっていたのである。

そうして人間として耐え忍ぶことが出来る水準を遥かに越えた最低の生活を強いられた彼ら

は、いつしか、「飛んでいる飛行機を見れば墜落すればよい、煙を見れば大火事になればよい」（三浦庸『シベリヤ抑留記――一農民兵士の収容所記録』）と願うような心境になっていた。人の幸せを願えることは、幸福な者の特権に過ぎない。自身の生活の向上。どん底にある彼らにとってそれは、他人の不幸よりもずっと得難い幸福であった。

以上が収容所生活のあらましである。勿論、収容所により待遇には差があった。給養十分とは言わないまでも、飢餓による死者はあまり出さないような収容所もあった。[10] また、収容所内においても炊事担当者や営内勤務者（作業大隊の本部要員やソ連側施設の使役担当者等）、及び将校は比較的恵まれた環境にあった場合が多く、彼らに対する羨望と怨嗟を口にする抑留者は多い。しかしながら、全体から見れば抑留生活が過酷なものであったことは否定しようのない事実であり、夥しい死者の数が何よりの証拠である。

こうした生活にあって抑留者が唯一希望を持ち得たのは、帰還の噂である。敗戦以来ソ連人の嘘に騙され通しの彼らであっても、〝ダモイ〟（帰還）と聞けば心躍った。どんなに荒唐無稽な噂でも、次第次第にもっともらしさを付け加えられ、餓鬼となった抑留者を翻弄したのである。

話の出所は解らないが、瞬く間にこの話は中隊に広まり、何処へ行ってもこの噂で持ち切った。所謂デマというものは、誰でもが欲するもの、又は欲しないものを筋道の通った、信じ易い事柄で上手に仕組んだものである。そして、次から次に伝えられる毎に真実らしさを加えて行く。小さな雪玉を転がして行くと雪だるまが出来るように—そして大きな真相にぶつかると一瞬にして消え去るものだ。そんな、馬鹿なと思いながらも信じたい。（小池照彦『赤い星の下に陽を求めて』）

そんなことを繰り返して、月日は流れていった。収容所生活は単調である。朝起きて、黒パンを齧り、作業に出され、怒鳴られ、疲れ果て、また黒パンを齧り、倒れるように寝る、その繰り返しである。季節も一年のほとんどが冬だ。九月には雪がちらつくこともある。十一月にもなれば、北から氷の世界がやってくる。空気まで凍った暗い空に、収容所の煙突からかぼそい煙が真っすぐに立ち昇る。

日もまた短い。冬になれば、一日中夜である。太陽は南にちょっと顔をだしただけですぐに引っ込んでしまう。ここは日本人が知っている母なる大地ではないのだ。のしかかるような飢餓と疲労以外、抑留生活に座を占めるものは何も無い。音のない世界、色のない世界。死の世界に相応しい静寂と闇が大地を覆った。

空腹と寒さと痒みだけが官能を支配するなか、交わされる言葉は少ない。収容所生活者は言葉も失ったのである。情を通わせることのない人間関係と喜怒哀楽さえ凍りついた暮らしを支える語彙は、二十もあれば十分だった。仲間が死んでいくのも、まるでボロになった衣服を脱ぎ捨てるようなものだった。怒りも悲しみも、シベリアの寒さを前に麻痺していた。

そうしてある日、突如告げられたのである。

「全員集合！」と、叫んでいる。（略）

声高なロシア語が聞こえて来た。その直後、収容所は恐ろしいエネルギーで揺れ出した。弾けるような笑いと歓声が嵐のように伝わってくる。その凄まじい波のうねりを通して、口々に叫ぶ狂ったような歓びの声を私は聞いた。

「ダモイだ！（帰るんだ！）」

「ダモイだあ――」

「ダモイだ――」

〈帰国……！〉

（水谷決司『日本人捕虜収容所』）

ダモイと決まった抑留者たちは、帰還の海、望郷の海、日本海を目指して元来た道を東に向かった。出港はウラジオストクの東、ナホトカである。

港には日の丸を掲げた帰還船が横付けになっていた。船員がいる、看護婦がいる。何年かぶりに見る抑留者ならざる日本人だ。なんだか外国人のような気もするが、無性に懐かしい。乗船名簿の名前を呼ばれた者は、脇目も振らずタラップを駆け上った。船員が「ご苦労様でした」「お疲れ様でした」と声をかける。船内食では、夢にまでみた白い飯に味噌汁、そして沢庵が出た。

誰も、すぐには食べようとはしなかった。手を合わせて拝んでいる者もいた。私は、箸を握りしめて、丼鉢に盛られた白い飯を見つめていた。（野澤恒夫『岸壁の日まで』）

船は日本海を南に進む。目指す港は、舞鶴である。しばしば海は時化たが、そんなことはどうでもよかった。この時をどれだけ待っただろう。何度夢に見たことだろう。ともに故郷を語らった戦友の多くは、まだソ連に残されている。そして幾人、幾十人、いや、幾万人かの同胞は、冷たい凍土の下にこれからもずっと埋まっているのだ……。あの顔、この顔が思い出される。だが、それでも今は、祖国日本に帰りたい。

そしてついに、その時がきた。

おおい、見えたぞお！

甲板から歓声のような、また悲鳴のような、万感の思いを湛えた叫び声があがり、船内にこだまする。荒れる海に弱り切って船室に寝ていた者も、脱兎のごとく甲板に駆け上がった。

「大丸……貴様も、俺も……帰って来たな……」

私は、途切れ途切れに、涙声で話しかけた。

大丸中尉は、熱で紅潮した顔を、しっかりと陸地に向けたままで泣いていた。二人は、手を固く握り合ったままで、祖国日本を見つめていた。……美しい緑の陸地が、涙でくもる目に映っていた……（同）

（1）ソ連は満洲の食料、車両、資材、燃料、工場機械、果ては住宅の調度品にいたるまで、ありとあらゆる物資を収奪し、持ち去った。ソ連への移送間、抑留者たちはこれら物資を満載して北上する汽車を目撃している。また、抑留間に工場使役を命じられたある抑留者は、そこで満洲で使われてたであろう日立製の機械を見つけた。文字通り、火事場泥棒であった。

（2）「ロシア人はほんとうによく嘘をいう。ロスケは嘘つきである。平気で嘘をつく、その嘘がまたばれてもケロッとしている。」（山科美里『ラーゲル流転』）

（3）「番兵小屋の前に粗末な腰掛を持ち出し、囚人大工と番兵が仲良くならんで腰を掛け、新聞を読んだり、雑談にふけったりしているところもたびたび見た。まったく囚人と兵隊との区別はない。それはあたかも囚人のほうには罪の自覚がなく、兵隊のほうには罪を犯した人として警戒する観念がないかのようである。つまりこの国では罪人とそうでない人とのけじめが、それほどはっきりしないのではあるまいか。罪人とは運が悪くて捕まえられたものをいい、その他の社会人は同じようなことをしてはいるが、運が好くて捕えられないでいるというだけのこと。あるいはあまりにもつまらぬことで遠慮もなく人に刑を処せられた人も、また、一般社会人も、罪という感じが麻痺してしまっているのではあるまいか。」（『生ける屍I』）

（4）厚生省『舞鶴地方引揚援護局史』は食糧事情について次のように区分している。
昭和二十年九月～二十一年春　定量時代（窮乏時代）
同二十一年春～同年冬＝ノルマ時代（改悪時代）
同二十二年春以降＝定量時代（改善時代）
初めの冬は徹底した食糧不足だったが、その後にはノルマ制（労働成績に応じて配給量に差をつけた）によって同胞相食む環境が作出された。作業成績があがらないものは食糧も少なくなり、さらに衰弱していく悪循環に陥るばかりか、限られた食糧の奪い合いにより、同胞愛を喪わせることに大きく作用した。

（5）凍った馬糞は一見ジャガイモによく似ており、馬糞とジャガイモを間違える話はシベリア抑留記にはよく顔を出す。また、コーリャン粥などは消化が悪く、便となっても見た目がほとんど変わらなかったため、食堂脇にあった凍りついた野糞を残飯と勘違いして煮たという話もある。見た目がまったく変わらぬのにエネルギーを消化吸収出来ているのだろうかと訝ったが、においだけはしっかり糞のものだったという。

（6）ソ連には、〝エラブカへ送られるなら、自分で首を吊って死んだ方が良い〟という俗諺があったそうだ。以下はそのエラブカへ送られた抑留者の証言である。いかにシベリア抑留生活が悲惨だったとはいえ、特異的な事例であるためここに記すことにした。彼らは凍死者も出た冬期の移送中、凍傷にかかって両手足を切断されていた。

それは、まさに生き地獄であった。小さな樽に生きた人間が入っていた。両手両足を切断された、生気の無い青ざめた顔の人間が、樽の中に、上半身を立てて、私たち二人を見つめていたのである。私はこの部屋へ一歩足を踏み入れた時、思わず息を呑んだ。そして、進むことも、退くこともできなかった。

私の正面の樽が鈍い音を立てて倒れた。いや、上半身が倒れた。倒れた樽は、上半身と共に左右に揺れた。そこに私たちを見上げる、悲痛に曲がった顔があった。私は、一瞬息が詰まった。そして全身が震え出した。……気を取り直した私は、駆け寄って樽の動きを押さえると、上半身をゆっくりと抱き起こしてやった。その時、私の顔のすぐ傍で「助けてくれ」と、かすれた涙声が聞こえた。これまで沈黙していた部屋の中は、堰を切ったように、あちらからも、こちらからも、「助けてくれ」と叫ぶ悲鳴が起こった。

「助けてくれ」は体を起こしてくれというのでは無かった。

「一緒に帰りたいよー。連れて帰ってくれよー」

「死ぬのは嫌だ……日本へ帰りたい……」

数人の口々から、呻くように弱々しい声が続けて聞こえてきたのである。

私は、どう答えてよいのか分からなかった。実行できない気休めの言葉は出せなかった。私は泣いてしまった。大丸中尉の顔を見た。大丸中尉は、歯を食い縛っていたが、その顔は涙で濡れていた。（野澤恒夫『岸壁の日まで』）

（7）あらゆる病因をビタミン不足とするソ連軍医に助手として付き従う日本軍医が、日本語でこれを揶揄う場面がある。

（8）松﨑吉信『白い牙』では、これら不快な害虫について、二段組七頁に渡り詳細な解説を加えている。シベリアにおいて虱は、それほどに大きな存在となっていた。

（9）火葬の様は、まるで廃棄物の処分のようである。

「凍りついて硬直していた頭ががくんとのけぞる。はみ出していた手や足が不気味に垂れ下る。その度にその手や足をまるでへし曲げるようにして、燃え盛る火の中に突っ込んだ。これが昨日の友なのか、その友に対してするわざかと目を覆わずにはおれなかった。」（高木啓太郎『お陽さんぽつんと赤かった』）

（10）シベリア抑留者の証言には、ソ連を擁護する立場から過剰にソ連に好意的なものも含まれている点には注意が必要である。信じがたいことだが、ソ連にいかによくしてもらったか、ということが延々書かれた抑留記もあるのである（例を挙げるなら、ソ連帰還者生活擁護同盟刊の『われらソ連に生きて』）。今となっては紙面上からその意図と信憑性とを探るしかないが、その見分けの勘所は概ね自己に対する批判の姿勢がどれだけあるかという点にあるように思う。ソ連擁護派の口ぶりは、他者に対する批判には満ちていても、彼らお得意の〝自己批判〟は乏しい。彼らの自己批判は往々にして、旧軍や日本の社会、国家に対する批判にすり替わっている。そういう者の言は、それを言わせた背景に対するひとつの資料ではあるけれども、抑留の実態を表したものとして受け取る必要は認められない。

四——同胞相食む

シベリアの日本人はこうして祖国日本へ帰りついた。敗戦から幾星霜、抑留者たちは敗戦国民のわびしさに抑留の苦しみまで背負い込み、歯をくいしばって生き抜いたのである。日本民族にとって誇らしい歴史の一幕ではないが、それでも、よかったよかったと、その苦労をねぎらい、手を取り合って戦後を生きていけるのであれば、それがどんなに苛酷で惨めたらしい運命だったとしても、美しく気高い物語となることが出来たのだろう。

事実はそうではなかったのである。その一つのあらわれとして、文字通り死ぬ思いで日本に戻った帰還者を迎える日本内地の雰囲気は、往々にして彼らを歓迎するものではなかった。

私たちの引揚列車は、〝赤の列車〟として一般の民衆から、とかく冷たい目を向けられていた。どの駅についても、歓迎というよりも嫌な奴らが来たもんだ、と敬遠する素振りがありありと見えた。（三浦庸『シベリヤ抑留記――一農民兵士の収容所記録』）

（筆者注：帰郷途上の福島駅頭で）両側に警棒を手にした警官が数百人ぎっちり肩をくっつけて立っていた。そして、まるで一網打尽にした盗賊でも見すえるようなまなざしで、私たちを睨んでいた。（略）

私は情けなかった。私たちは、日本の国家が犯した無意味とも思える戦争の罪を一方的に押しつけられ、シベリヤの監獄で四年間も獄舎生活を強いられたのである。いま解放されて帰って来たというのに、ねぎらいの言葉の片言もなく罪人同様のあつかいである。国の罪を償ってきたと思っている私たちである。それが全くの重罪人扱いとは……。（同）

しかるに、これは迎える側に一方的な非があったのではない。三浦が帰国したのは昭和二十四年夏のことである。本章冒頭において若干言及した通り、この頃に帰国した者達は内地の人々が想像していたものではなかった。彼らの多くは口々に、「代々木へ、代々木へ！」（代々木とは日本共産党本部のことである）「ソ同盟の真実を伝えよ！」（真実とは、死と垢に塗れた捕虜生活のことではなく、共産思想と人類愛に彩られた美しいソ連邦の姿である）と叫び、「天皇島に敵前上陸だ！」と熱狂してスクラムを組んだ。一足早く二十三年に帰還している東京新聞記者の小松は、次のように記している。

郷里に直行し、母と二日間をすごし、上京して帰還の挨拶と復社の手続きに日比谷の新聞社へ行った。ところがどうだろう。みんな、私に対し、まるでこわれ物にでもさわるように、おっかなびっくりなのだ。（略）編集局長に呼び出され、別室で懇談の後、「赤旗だけは振らないでくれよ。君がそんなことをすれば俺が困るからな」といった。半ば懇願するような出方だった。（『シベリヤ黙示録』）

無理もなかった。帰還者たちはまったく異様だった。写真が残っている。舞鶴の地、祖国の土を踏んだ父のもとに、「お父さん、早くお家へ帰って！」と娘が取りすがる。日の丸の手旗を手に、もう二度と離すまいと父の腕に縋りついた娘を、父は汚らわしいとばかりに振り払った。わが子にラーフラと名づけた釈迦の偽物になりおおせた〝筋金入り〟の帰還者は、いとし子さえも跳ねのける共産主義の闘士となって祖国に戻ったのである[1]。

得体のしれないものがある。我々には容易に理解しがたいものが、シベリアにはある。ここまで書いたシベリア抑留の態様は、努めてバイアスや恣意を取り除いたものではあるが、抑留の半面しか表していない。いや、それはまさしく、シベリア抑留の表座敷を見たに過ぎないのである。私は本章の冒頭、帰還者が舞鶴に残した落書を引いた。そこには、「――日本人は最低の民族だ――」、とあった。これを書きつけた者が何をもって〝最低〟と言ったのか、それは今となってはわからぬ。しかし、シベリアには日本人をして、それも心ある日本人をして、「最低の民族」と言わしめるものがあった。シベリアに吹いたのはマロース（吹雪）だけではなかった。〝民主運動〟という名の狂乱が、日本人抑留者たちの心を暗く、冷たく変えていったのである。

民主運動（＝共産主義運動）の萌芽は早くも一九四五年九月十五日に生まれている。「日本新聞」である。同紙はタブロイド版四頁の日本語新聞であり、「ソ軍が日本人捕虜にあたえる新聞」とロシア語で明記されている通り、コワレンコ中佐（モスクワ大学東洋語科出身、元タス通信社日本特派員）が編集責任者を務める、〝ソ連による、ソ連のための〟新聞であった。

日本側の編集責任者は諸戸文夫（ソ連外務相ヴャチェスラフ・モロトフをもじったもの）こと浅原正基で、総勢七十名程の日本人が発行に携わった。部数は最盛期で八十万を数え、週二〜三回の発行は、実に六百五十号まで続いたのである。

編集方針はあからさまであった。子供染みたソ連礼賛と西側批判、そして天皇をはじめとする戦前の国体への罵倒である。いくつか見出しを拾ってみる。（今立鉄雄『日本しんぶん——日本人捕虜に対するソ連の政策——』より）
○日本帝國主義は　平和愛好諸國民の敵である　（四六年六月十一日）
○戦犯の首魁は天皇だ　聞け！　清節不屈の指導者志賀の熱辯を！　（四六年十一月二十三日）
○ドル財閥の手先をつとめる英佛外交　ヨーロッパ「復興」會議召集の魂膽　（四七年七月二十四日）
○これぞ共産主義の本髄！　世界勤労者の最大の武器　スターリンの偉大なる教程！（四八

年十月一日）

当初この新聞はさほど相手にされなかったようである。いくら敗戦で茫然自失となったとはいえ、天皇制を打倒せよ！　と叫ばれてすぐに宗旨替え出来る者は多くない。入ソ当初は軍隊組織も健在である場合が多かったため、将校団が日本新聞貼付を止めたり、貼られた新聞を破り捨てることもあった。ソ連側も初めの一、二年は軍隊組織の利用を志向していたから、圧迫もさほどではなかった。抑留者は便所の紙にも窮していたため、彼らはこれを落とし紙にでも供したのである。

しかしながら、無味乾燥で単調な抑留生活にあって、日本新聞は抑留者にとっての唯一の活字であり、外部からの刺激である。初めは違和感をもって受け取られた天皇制打倒などの主張も、「既往の『権威』に絶望し、幻滅し、新しい精神的支柱を求める多くの捕虜の心をとらえ、次第に浸潤」（同）していった。

かくして、各収容所には〝日本新聞友の会〟および、〝民主グループ〟が組織され、その指導的構成員は〝アクチブ〟と呼ばれるようになった。当初友の会は、句会や演芸会など、文化活動一般を行い、収容所生活にわずかばかりの潤いをもたらそうとした場合もあったが、次第に思想運動としての色合いが濃くなってゆく。だが、そこはついこの間まで宮城遥拝を行なっていた日本軍将兵である。いかに日本新聞が浸透を始めたとはいえ、精神的支柱のラヂカルなすげ替えには軋轢、葛藤、戸惑いもあった。素直な反応は、まだまだ反発といえるものだった。

日本の軍帽の代りに、ロシヤのはまぐり帽子をかぶり、ソ連製の皮シューバーを着た、鼻の低い小型ロシヤ人だ。見せかけだけは勇ましかったが、内心では「こんな馬鹿げた話はどこにある。なにが祖国ソ同盟だ。祖国は日本だろうが馬鹿野郎」と、みんなぶつぶつ言っていた。（『シベリヤ抑留記――一農民兵士の収容所記録』）

（筆者注：作業に出された煉瓦工場において日本人が作った）湯のみ茶碗や花瓶には色々の模様や言葉が日本語で刻まれていた。文字の中には「天皇制打倒」や「財閥解体」「スターリン万歳」があるかと思えば「忘れるな地獄の責苦、この仇きっと打つべし」「望郷」などが見られた。（香川文雄『続・北槎記略』）

（筆者注：日本新聞友の会として）訴えている者が、ついこの前まで、ふた言目には「天皇陛下の命に依り」などといって兵隊に直立不動の姿勢をとらせてビンタを張り、階級をかさに威張り散らして居た下士官連中であったから「今更何が天皇制打倒だ」と、反発者が出るだけで、余り耳を傾けて聞く者もいなかった。（『シベリア・一九四五年八月十五日』）

しかるに、四七年ごろからいよいよ本格化していった民主運動は、シベリア各地の収容所に次々と飛び火していった。四八年三月のハバロフスク地方反ファシスト委員会々議の決議により全収容所の指導が始まる頃には完全に風向きが変わった。もはや主導権は彼らの手に移っていた。インテリ出身者が占めていた指導者層はこの頃には労働者・農民出身者の青年層に取って替わられており、生産競争・反動カンパ・戦犯分子摘発が激化して〝吊し上げ〟も始まり、アクチブの権勢は不動のものになろうとしていたのである。

このシベリア民主運動は、「平塚運動」（日本版スタハーノフ運動であり、高いノルマをさらに増加させる苛酷な生産競争である。スタハーノフはソ連の労働英雄）と「スターリン大元帥に対する感謝文署名運動」(2)に結実した。これはシベリアにおけるソ連の庇護に感謝し、民主主義（共産主義）の闘士となって内地でも戦うことを誓わせるものだったが、民主運動が燎原の火のごとく広がった後は、皆いかにして従順に振る舞い、ソ同盟擁護の同志となるかを競うようになっており、また、〝民主化〟されていることがダモイの条件とされていたので、ほとんどすべての者がこれに署名した。(3)かくして、民主運動の首魁である浅原は〝シベリアの天皇〟として君臨したのである（他には日本共産党の大物袴田里見の実弟で、〝チタの天皇〟と呼ばれた袴田陸奥男などが居た）。

以上がシベリア民主運動の顛末であるが、抑留記に表れる具体的な態様についても確認しておこう。戦争体験者が如何に生き、如何に感じたか、そしてそのことが日本民族にとってどのような経験であったかを問うことが本稿の主題なのである。

思えば、シベリアでの出来事は時期としては勿論戦後に位置するが、抑留者にとっての〝戦後〟は始まっていなかった。戦争の幕切れと、あらたな戦場の幕開けの間には、いかなる幕間も用意されていなかったのである。彼らは小銃を鋸に持ち替えて、新たな戦場を生きなければならなかった。抑留生活は、戦場といい、戦争といって憚られないほどに、彼らの身体と心とを破砕してゆくのである。

さて、先にも書いたように、シベリア民主運動は昭和二十二年頃から急速に本格化していく。二十二年の冬の様子を、戦後広島市議会議員となった山科美里はこう記録している。

おかしなことに日本人同士が以前にもましてしゃべらなくなっていることに気付くのであった。以前よりはたしかに生活環境もよくなっている。食物もよくなっている。それなのに人間同士の間は冷たいすきま風が吹きぬけている。どうしてなのだろうか。(『ラーゲル流転』)

民主運動、それは抑留生活の向上のためでなければならなかった。それがいったい、どうしたことだろう。民主運動が進むにつれ、所内の空気は明るくなるどころか、陰険で陰湿なものに変わっていった。ともに死線を潜った仲間は、いまやかつての人間関係を拒絶するようになった。都会に出て久方ぶりに会った竹馬の友に素っ気ない態度をとられるような寂しさが、次第に所内を支配するようになっていた。

なつかしい思いで「ヤアー」と声をかけるのであった。彼等も久し振りで会えたことに笑顔で迎えてはくれたが、二年前の上官と部下といった形ではなくして、時の流れの中で民主運動のリーダーと旧将校といった逆の形の中での対面であった。一瞬三人の目にいい表しえない表情が走ったのを見のがすわけにはいかなかった。（同）

この点、日本の軍隊はもとより暗い組織だった。下級兵にとっては辛い辛い、時として抑留以上に辛いのが軍隊生活であったのである。昭和二十一年一月。あるラーゲリ（収容所）から逃亡兵が出た。ここの作業大隊長は部下思いで下士官や兵隊からも信頼されていたが、その大隊長と逃亡した兵とのやり取りは次の通りである。

何故逃亡したか？
この生活が嫌になったからであります。
作業がつらいのか？
内務班（筆者注：兵営生活のこと）が嫌なのであります。
逃亡して成功すると思ったか？
解りませんでした。（『赤い星の下に陽を求めて』）

この兵の置かれた立場は、単なる抑留生活者よりも更に苛酷で、より一層みじめなものだったのである。(4)

薄暗くなる頃山から下りて来て、やれやれと休む暇もなく、古年兵の食事の世話から班内の掃除、飯盒の洗い方が悪いといっては殴ぐられ、返事が遅いといっては殴ぐられ、初年兵は始終ビクビクしている。俘虜にまでなって、日本人同志(ママ)でこんな目に合わされたくない、どうなってもよいから逃げようという気になった(同)

この逃亡兵が出たのに前後して、もう一人の兵隊が、或る日上等兵に薪で殴られ、翌日は班長に鋸で殴られ、ゲートルで首を吊って自殺したのだった。

敗戦前から日本軍では、とにかく何のかんのといってビンタをとった。内務班の新兵いびりは、熾烈を極めた。度々引用している小松茂朗は将校として、私的制裁を目にするときつく注意したそうだが(実際はどこでもほとんど黙認されていた)、彼らはきまって「戦争に勝ち抜くため陛下に代わって……」と答えた。だが、小松にいわせれば、「鍛えるというのは、彼らの大義名分、建て前であって、本音は、よい家庭、大学卒、将校などに対するやっかみやら、恨み、つらみで、それらがかさなっての物凄いリンチ」(『シベリヤ黙示録』)に過ぎず、「戦争に勝ち抜くため」などと言っていた職業軍人の中にこそ、敗戦に前後してトンズラした者が多かったという。兵の苦しい立場を示す例を、ここにもう一つ引いておく。

或る朝の事、一人の一等兵が飯盒の中盒に半分にも満たない分配されたカーシャを班長に持って行き、「班長殿、自分達の食事はこれだけしかありません。班長殿の半分もありません。これでは班長殿にいくら言われても仕事が出来ません。食事は、下士官も兵隊も平等に分配して頂き度くあります」と申し出た。他の兵隊達は、よく言ってくれたと喜んで様子をうかがい、班長殿が何と返答するかとかたずを飲んで見守っていた。

憮然とした班長は、

「オイ、お前は地方にいる時どんな仕事をしていた。確か県公署の役人だったナァ」

「ハイ、自分は県公署で経済股長（係長級）をしておりました」

「そうか、経済股長か。配給物資の担当だナァ。それでは俺の方から聞くが、お前は物資の配給で、日本人の副県長も、一般の地方人にも同じに配給したか。どうだ、平等ではなかったろう。（略）この野郎、生意気なことを言うな」

といい、どれ見せろと彼の差し出した中盒に入っている僅かばかりのカーシャを「文句があるなら食うな」とひっくり返し、いきなりビンタを食わした。（『シベリア・一九四五年八月十五日』）

誰が聞いたところで、一等兵の言い分に理がある。生存が脅かされたぎりぎりの抑留生活で、食糧を平等に分けぬ理由などない。まして、最も労働負荷のかかる下級兵の配給が最も少なくてよいはずがない。
日本軍は階級や年次（めんこの数）にものを言わせ、大の大人が顔面をぶん殴り、唾を吐きかけるようなことを平気でやった。ソ側をほめるのもなんだが、これと対照的なのがソ連軍で、彼らは決して人前で殴るようなことはしなかったという。

彼らののびのびとした兵営生活を見ていると、階級差別がはげしい日本の兵営に比べ、これが正常の軍隊の生活なのかと、あまりの違いに疑ぐってみたくなるほどであった。（略）（筆者注：日本軍の）下級兵はいつ上級兵から、「こっちへ来いッ」と言われるかと、四六時中びくびくもので、決して油断はできなかった。私が四年間の捕虜生活で見た限りでは、ソ連兵同士の殴り合いはただの一度も見たことはなかったし、上官が下級兵を殴る場面も、激しく叱っているのさえ見なかった。厳しい軍律の中にあっても想像し得ないほどのなごやかさを見るとき、ソ連兵には階級差というものがあるのかと、日本軍とのあまりの違いに全く驚く他なかった。（『シベリヤ抑留記――一農民兵士の収容所記録』）

これは単なる一人の証言にはとどまらない。どんなにソ連の非道を徹底的に暴いて非難し、なじるような抑留記であっても、一般のソ連人は兵士も含めて気さくで威張らず、素朴なものとして描かれている（無論、例外はいる）。むしろ、非白人であるばかりか敗戦国民である日本人を全く差別せず、同情をもって接してくれる〝ロスケ〟が実に多い。(5)驚くべきことに、〝ロスケは案外いい奴だ〟というのはほとんどすべての抑留者に共通する感想である。そのひとつの表れとして、彼らは苛酷な収容所生活を強いたといっても、日本人を殴ることはほとんどなかった。私自身、数十冊と抑留記を読んだが、囚人同士の殴り合いのようなものを除けば、ソ連人が日本人に手をあげたという場面にはほんの数例（それもラトビア人や蒙古系のような、非ロシア人が多い）しか出くわさなかった。

そして、こうした日本軍の悪弊が初期民主運動の起爆剤になったことは明らかである。民主運動に身を投ずるも、後に挫折することになった河野卓男は、次のように書いている。昭和二十二年五月のことであった。

そのころ港の向うのアジレニヤから千百名近い大部隊が到着した。この部隊の到着は、次の理由でわれわれを驚かした。

一、将校が階級章をつけていない。

一、言葉づかいがすっかり軍隊調を清算している。

一、全員が至って朗らかで和気に満ちている。

（略）彼らの出現は、田舎者が初めて都会人に逢ったときのような気恥ずかしさと引け目をわれわれに感じさせるに十分であった。

今後、この収容所は新着部隊の引率者である榊大尉の指揮するところとなり、炊事は、同行の〝成駒屋〟で評判の成田主計大尉が責任をとることになった。成田大尉（秋田県出身）は旅団高級主計で、非常な人格者であり、彼は隊長の榊大尉とコンビでいち早く部隊を民主化し、率先して階級章を撤廃するとともに、炊事の絶対公平を実施し、まず食生活において同胞の不満を皆無にした。（河野卓男『シベリヤ抑留記』）

すなわち、抑留生活を向上させる必要自体は日本側の問題としてもたしかにあったし、それを実現するための方策としての民主運動もあり得たのである。河野は民主運動に情熱を傾けるようになり、民主グループの啓蒙宣伝委員となった感懐を次のように書いている。

第一回打合会を終って浴場を出たのは午前一時を回っていた。この仕事に参加して、私は眠いどころか、明日からの活動に胸はふくらみ、久方ぶりでやりがいのある仕事を得たわが身を意識したのである。（略）翌朝は七時半に起床。運動に参加する者が作業を怠っては逆効果になる。従来以上に頑張らねばならない。（同）

だが、民主運動はこの時早くも堕落を始めていた。二十二年六月、地区本部長の漆原委員長が河野の分所を来訪した。

漆原委員長は元曹長だそうだが、将校ズボンをはいて長靴をつけ、意気揚々、人を食ったようなところがあり、弁舌は確かに一つの魅力があった。しかし、人に親しまれるというより恐れられるような風貌であった。

夜になって分所の民主グループ委員と会食することになっていたが、炊事係が特別の御馳走を準備していたようで、出すのにちょっと手間どった。私は何も特別のものを出す必要はないではないかと山崎君にも言ったのだが、なぜか聞き入れられなかった。すると、食事が遅いといって漆原が怒りだした。この些細なことを種に、はては、食事が遅いのはこの分所の民主化の低調なせいだと、こじつけるという有様である。(同)

腐敗した政治運動の行き着くところは、内ゲバである。シベリア民主運動は、内地における左翼運動を一世代分あまり先取りしていたに過ぎなかった。この地区の民主グループはソ連の顔色をうかがいながら信念なく右往左往し、最後は漆原が吊し上げにあって失脚することになる。漆原の腰巾着であった者ほど激しく打倒漆原を叫んだのは、この運動の実に嫌な面だと、河野も嘆息した。まさしく、いつかどこかで見たような醜い闘争が繰り広げられていた。後には河野自身も吊し上げを食って退場していくことになるが、その地区大会から帰る河野にかけられた言葉は、この運動の性質をよく物語っている。抑留生活を少しでもよくしたいという信念の居場所は、少なくともこの民主運動の内にはなかったのである。

帰る道すがら、今までわめいて〝そうだそうだ〟とやっていた連中が遠慮深げに会釈する。（略）「地区の連中が、お前の分所はまだ河野に依存している。彼の影響から完全に離脱するために早急に河野をつるし上げよ（略）と言ってきたので、やらしたのです。まあ我慢してください」（同）

いったん堕落を始めたら、堕ちるのは早い。そして、どこまでも際限なく堕落してゆく。なかでも、吊し上げは酷いものだった。日本新聞の輪読会で積極的に発言しなかった、階級章を捨てていなかった、天皇制打倒を叫ばなかった、そんな理由で〝反動〟の烙印を押された者は、大勢に取り囲まれ、小突かれ、罵倒され、〝自己批判〟を強要された。「これほど気色悪い見世物はなかった。抵抗できなくなったものを、なぶり、からかって楽しむだけで、およそ真面目なものではなかった」（佐藤清『シベリア虜囚記』）というが、その苛烈な追及は、同じ境遇にある同胞に向けるべきとはとても思えないものだった。

大部屋の中央に、青ざめた三人が正座していた。一人は、大尉の階級章を付けた、四十歳ぐらいの将校で、あとの二人は、曹長と伍長（下士官）の若者であった。

この三人を、四、五十人の者が、輪になって取り囲んでいた。小刻みに震えている三人の正面に、二人の逞しい男が、手に紙の筒を握って立っていた。私は吊し上げを目前にした時、シベリヤ狼の群れを見る思いであった。（略）

正座していた三人は、自分には旧悪は無いと、懸命に拒否していたが、絶え間なく続く数十人の唸りに、遂に頭は錯乱していった。うわ言のような呟きは、謝罪に変わっていったのである。結末は哀れであった。三人が泣き叫ぶような大声で「ソ同盟万歳」と言った時は、床にうつ伏せに倒れていたのである。(『岸壁の日まで』)

〝二十四時間闘争〟というのもあった。これは〝反動〟に対し、食事や就寝、用便の時間を与えないのである。一日の作業(反動とみなされれば重労働行き)の後、あらゆる使役が与えられ、一時の休息も与えなかった。その上、夜は皆で吊し上げを行う。普通の神経の者はこれには耐えきれず、死者が出ることも珍しくなかった。皆のために始まったはずの民主運動は、もはや旧軍組織よりも始末が悪くなっていたのである。(6)

こうして日本人を苦しめるだけの存在になった民主運動は、帰還の日まで続いた。いや、むしろその帰還こそが運動の最高潮を飾るものだった。なんとしても帰りたい抑留者たちは、帰還が近づくと更にギヤをあげた。帰還の列車にはソ同盟への感謝を大書した看板をつけ、スターリンを褒め称えた。それと同時に、他人を蹴落としてやろうと、反動探しの醜い同胞狩りに没頭したのである。

収容所は、その日から狂人部落に一変した。〝民主運動〟という名の吊し上げと、スターリン讃歌と天皇への罵倒、「反動どもを帰国させるな!」と繰り返される絶叫と革命歌のどよめきで暮れた。同種同民族の同胞同士が、帰国を前にしてなぜああも憎しみをぶつけ合わなければならないのだろう。（『日本人捕虜収容所』）

この狂奔は帰還船の中にまで持ち込まれることになる。帰還船の様子は帰還時期や船によっても異なるが（前章最後のような帰還の光景もあるのだ）、民主運動が絶頂を迎えた頃の船上では、甲板で円陣を組んで革命歌が歌われ、「天皇島へ敵前上陸だ！」の絶叫が鳴り響いた。民主運動に心中反発を覚えていた者達は、帰還船での心境をこう記している。[7]

同じ日本人であるのに……話し合う相手もいない。いい得ないチグハグな味気ない空気はどうしてなのだろうか。何かぬぐいきれぬ暗いものがのしかかって来るような気がする。

（略）

今母なる祖国に帰るこの旅は正に苦難をこえてよろこびの旅であるべき筈なのに、しかも隣にいる者もまぎれもない日本人であるのに、どこが違うというのであろうか？（『ラーゲル流転』）

共産主義の気違いとも呼ぶべき者に袋叩きにされかねない険悪さがあったからである。（略）待ちに待った帰還船第一大拓丸での、飛び上がらんばかりにうれしいはずの船旅も、笑い声もなく、モノも言えない航海だった。（『シベリヤ抑留記―一農民兵士の収容所記録』）

シベリア民主運動には、どこを探しても救いはない。日本人が日本人を疑い、貶め、裏切り、憎しみ合うだけの気違い沙汰だった。民主運動は、不幸な境遇にある者同士助け合わねばならない状況ですら、日本人の団結心がいかに弱いかということ、そして、日本人の思想的基盤が如何に脆弱な虚妄だったかということを暴露したのである。

たしかに、シベリア抑留という日本民族清算の修羅場で困苦に耐えた人間に同情する気持ちは私にもある。〝あの場合、ああするより仕方がなかった〟、そういう慰めに落ち着きたくなる気持ちもどこかにある。しかし、日本内地を見よ。我々日本人は、かつて鬼畜と罵った米国に拝跪し、国民はマッカーサーに感謝の手紙を送った。それは強要されたのでもなかった。スターリンは悪くてマッカーサーは良いのか。民族の意気地などあったものではない。私にはどちらもその精神的姿勢においてさして変わらぬように見えるし、双方とも情けなく、みじめなことだと思う。

シベリア民主運動が提起する問題は、日本民族の問題である。河野のように、民主運動に積極的で意志的な関わりを志向した者もある。言うまでもなく、河野の試みも、またその志も、敗戦国民でありながら敵地に囚われて生きる者としては一面見上げたものである。そしてそれ以前に、傍観者に過ぎない我々のような立場から、今になって評価や批判を向けることは甚だ気楽で無礼なことのようにも思える。

しかし、それでもなお、敢えて言うのであれば、残念ながらそれは、日ソの国家・文明衝突の場面においいて、非対称かつ劣位におかれた民族としての日本人の立場が十分考慮されていない点で、やや迂闊なものであり、虚しいものであったと言わざるを得まい。民主運動への評価は、むしろ囚人刑務所のソ連人床屋が的確に下していた。「ソ連で生きること」、それは、「ソ連で〝日本人として〟生きること」でなければならなかったのである。

「ハバロフスクには、沢山日本人がいるんだね？」

「ああ、沢山いる、作業の行き帰りにも赤旗立ててさ、革命歌を歌って、よく働いてたよ。馬鹿な奴らさ。」

軽蔑するようにいうと、親父は急に声をひそめ、私の耳許に口を近づけた。

「あんなことしちゃ、ヒゲ（筆者注：スターリンを嫌うソ連人は、憎しみを込めて髭と呼んだ）の奴が手を叩いて笑ってる。ま、おまえも出来るだけ働かないで、ただ帰れる日の来るのを待つんだな」[8]（『日本人捕虜収容所』）

（1）娘でこの有様であるから、妻もまた、無力であった。

「貴方ッ、待ってたわよッ」

声と同時に、岡田目がけて飛び上がって首に両腕を廻し抱きついてきた。側にいる者もびっくりしたが、当の岡田自身、全く予期しないところへ、妻の力いっぱいの体当たりにあって、二人ともホームに倒れた。細君は気が狂ったように真剣であった。

「やめろ、みっともない。放せ、放せったら。いま僕はこんなことをしている場合じゃない。代々木の本部に行くのだ。卑怯者になりたくない。美智子、この手を放せッ」岡田は、必死にしがみつく細君の手を無理に振り切ろうとした。妻は泣きながら、

「あなた、もう、どこにも行かないで」となおも強くしがみついた。(『シベリヤ抑留記──一農民兵士の収容所記録』)

(2)感謝文の大意は次のようなものである。

「あたり前ならば、日本帝国主義の犠牲となって死ぬところを、ソ連の参戦によって解放され、しかも天皇制ファシスト軍隊の奴隷兵士から民族独立、平和擁護のスターリン戦士として、真の人間に再生させてくれたことと、在ソ五カ年間、生活万端にわたって何の不自由もなく、あたたかい配慮をうけ、無事に日本に帰国できるようになったのは、ソ連とその輝かしい指導者スターリン大元帥のおかげである。」(『日本しんぶん──日本人捕虜に対するソ連の政策──』)

(3)この運動について、モロトフこと浅原正基は次のように述べている。

「スターリン感謝文運動は一九四八年末ないし一九四九年春ごろから、大量帰国の決定を受けたさまざまな感慨から、また、人種的偏見なく人間的に接してくれた素朴なソ連市民への惜別の気持ちから、捕虜兵士のごく自然で素直な発想からはじまったのです。この時点の感謝文決議やアピールは内務省政治部のどんな介入も示していません。」(『苦悩のなかをゆく』)

しかるに、彼の回想録は全編にわたり詭弁(たとえば、日本人の敵は軍閥だと強調するが、敗戦後に軍閥など存在せず、存在しないものとの闘いのためにソ連に忠誠を誓い、同胞を反目させることを正当化するのは奇妙である)と嘘に埋められており、到底信用できるものではない。抑留者に民主運動を拒否する余地などなかったことは明らかであるし、仮にこれが自発的かつ積極的なものであったとするなら、なぜ帰国後、ほとんどの闘士たちはあっさり新しい生活に帰順していったのか、説明がつかないではないか。ちなみに、浅原の回想録にある嘘には、たとえば次のようなものがある。発言自体はコワレンコフ中佐(浅原と対談形式)のものだが、浅原は当然これと同一の立場をとっている。

「関東軍司令部は莫大な量(おそらく数年分)の衣服および食糧を軍用倉庫に蓄積していたのですが、彼らは、それらを携行せよというソ連軍司令部の命令を故意に無視し、実行しなかっただけでなく、それらを破壊し、使用不能にしたのです。」(同)

これについては、終戦直後の八月十九日に以下の様なことが反証としてあげられる。すなわち、日ソ軍当局者はジャリコーウォ(興凱湖西)のソ連軍第一極東方面軍司令部で会見し、ワシレンスキー元帥以下各軍種の長との会談によって「武装解除に際し都市の権力も一切ソ連に渡す」「後方補給のため局地的なものを除き、軍隊、軍需物資の大きな移動は行わない」「日本軍の名誉を重んじ、軍人に階級章をつけ、帯刀を許可するほか将官に副官、将校全部に当番兵の使用を認める」といった七項目の合意をみたにもかかわらず、これら一切は無視され、在満のありとあらゆる物資、工業生産品、工場はすべて根こそぎソ連に持ち去られ、将兵が丸ごとシベリアに運ばれたのである。実際、多くの抑留記には、ソ連軍が膨大な在満物資をソ連領内に運ぶ姿が描かれている。

そして、感謝文についてであるが、自発的であるどころか、当時これに反対することが全く英雄的であったことは、次のような次第である。

「ニセ共産主義者達が我々一人一人にスターリンへの感謝状と誓約書に署名するよう強制してきたが、二年八カ月も酷寒のシベリアで辛い労働を強いられ、誰が馬鹿な、と二千人中私一人署名を拒否した。」（崎田正治『シベリア抑留回想記』）

『苦悩のなかをゆく』とはよく言えたものだと感心すらする。回想録にはご丁寧に著者と家族の写真まで掲げられているが、このくらいの面の皮でなければ、シベリアの寒い寒い浮き世は渡れなかったか。浅原は、次のようにも言った。

「全体としてはソ連国民と政府が旧敵国兵士である日本人捕虜に最大限可能な人道的配慮の努力をしたことを認めるのが、公正で客観的だと思っています。（略）日本帝国主義軍隊の一員であった私たちは、世界解放のために戦ったソ連国民の苦闘に敬意を表さなければならないし、極度の物的窮乏のなかでもソ連軍兵士並みの給養（衣食）を捕虜に保障しようとした人道的努力を正しく評価すべきです。」（『苦悩のなかをゆく』）

また、腹立たしいことに浅原は、「最近わが国で書かれているシベリア抑留記をみると、旧関東軍将兵たちがシベリアでどんなに悲惨な目にあったかを語る一種のコンクールのような観があります」（同、傍点筆者）とさえ言って、自身や民主運動に批判を向ける帰還者を嘲笑ったのである。

浅原は後に、自らも吊し上げの対象となって失脚したが、それはソ連にとって用がなくなったから捨てられたのである。浅原を呪詛し、その傲慢な振る舞いや意気地のない言動を報告する抑留者は数多い。ある者は、失脚後の浅原の発言を次のように記している。

「『民主運動におけるつるし上げは悪かった』と弁解し、『私（浅原）は実は労働が恐ろしかった。私はインテリ出身だから』と告白したのをよく覚えています。」（『日本しんぶん―日本人捕虜に対するソ連の政策―』）

勿論、彼に対する中傷は、浅原が出来もしないようなことにまで向けられた場合もある。あるいは、彼とて弱い捕虜の立場にあった一人の弱い人間だったのだと同情することもできる。しかし、戦後、数十年たって、斯様に居直った回想録を出し、あくまでも進んで自己を省みることなく、まして抑留者を小馬鹿にするような言を弄するのであれば、擁護する必要もないのではないか。

ドイツ人やイタリア人が、「ハバロフスクには浅原という日本人のソバーカ（犬）がいるそうだ。もしわれわれの仲間にそんなソバーカがいたら、一日も生かしておかない」（同）と言ったとする手記があるが、この評価が全てであろう。惜しむらくは、抑留日本人が彼を生かし続けていたその弱さである。シベリア民主運動の旗手は、ソ連の犬であり、同胞の敵であった。

（4）軍属もまた、虐げられた存在であった。

日本軍では、軍人と軍属のあいだに溝があった。軍人の方が格が上なのである。（略）

「お前たち、いつまで俺たちを軍属だといって差別するんだ！　俺たちはなあ、河沿にいたんだよ。洞窟の中で家族といっしょに、ろうそくで飯炊いて食ってたんだ。……それを、逃げる時に……手榴弾をブッこんできたんだよ……もう、骨も拾いに行けやしねえ……」（『白い牙』）

（5）ソ連人についていくつか例を引いておく。これらを洗脳だ、プロパガンダだ、といって斥けることは容易いが、私は他箇所の記述からうかがえる著者の人柄や、その事例数、前後から推すリアリティからみて、一般にこうした性格が見られたことは事実であると考える。

「外科病室は満員で、はじめ私のベッドは広い廊下におかれた。ところで、私の次にソ連人が入院してきたので、ベッドをならべて廊下に寝た。そこでいささか興味のあったことは、病室に空席のできた場合、はたして先着の私から入れるか、それともやはりソ連人をさきにするか、という点であった。（略）（筆者注：著者西元が先に病室に通された）そこで看護婦に『私は俘虜ではないか』といったところ、『パチューム（何故）』といい、『俘虜だからどうしたんですか』という。これにはすっかり感心した。」（『ソビエトの真実』）

「ロシア人のいいところは、けっして威張らないことである。少しもオツンとしたところがない。それに、初めから女は親切だった。少しもさげすむような態度はしなかったばかりか、ひどく同情していた。（略）河で飯盒を洗っていると、どこかのおばさんが、『日本人は、もうじき帰れるから安心しなさい』と言ってくれたり、（略）『家族は何人？　兄弟はいるの？　もうすぐ帰れるから――』などと、なぐさめてくれた。」（『白い牙』）

「日本人だけがロスケから煙草を貰うとは限らぬ。逆にロスケの方が『ヤポンスキー、タバコイェーシ？（日本人、煙草有るか）』と貰いに来る。丁度吸っているのが一本きりない時など『これ一本しかない』というと、『ではローソクでいいからくれ』といって我々の吸いさしを貰って喜んでいる。民族的偏見を持たぬ彼等は日本人に対して何等の差別を設けず対等に接してくれる。」（『赤い星の下に陽を求めて』）

（6）典型的な例を挙げる。ある分所で必死に作業に取り組む兵隊があったが、そこに民主運動のアクチブが通りかかる。アクチブは本来上官でもなんでもないが、アクチブの取り巻きは、「貴様、なぜ山田アクチブに敬礼せんか。欠礼の罪は重いぞ」（『シベリヤ黙示録』）といって、この兵を吊し上げ、仕舞いには所謂〝暁に祈る〟で殺してしまったのである。「暁に祈る」とは、吉村隊長事件で有名な私刑であり、民主運動に従わない者や、酷い場合には音痴であるが故に革命歌を歌っていなかったような者までを、夜間屋外に縛り付け、凍死させせんとするものである。

（7）帰還船の中には、〝反動〟組が〝日の丸梯団〟として立ち上がり、民主運動グループと殴り合いを繰り広げるようなものもあった。アクチブを日本海に投げ込んだようなこともあり、厚生省援護局の記録にも、出船時と入港時における人数の差異が「行方不明者」として残っているのである。日の丸梯団はガーゼに薬品で日の丸をつくって服に縫い付け、船内に喊声を轟かせた。

「その時が来た。船室の上の方の階段の所で、だれかが大声で呼ぶ声が聞えた――「日本人は集まれ」というのだったと思う。「日本人」の一語に、すべての意味がこめられていた。」（『続・北槎記略』）

（8）「日本人の従順さと勤勉さは、昭和三十年の第一四半期にロシア共和国第一位、第二四半期には全ソ連邦第一位の作業成績を上げた」（『日本人捕虜収容所』）が、こんなものは決して誇るべきものではない。

五――風に向かいて

民主運動は猛る吹雪となって収容所内を荒れ狂った。日本人抑留者たちは早く帰りたいという一心で、躊躇なくソ連およびアクチブたちの協力者となり、何の恨みもない元の上官や同僚、部下すらも売った。「シベリア民主運動とはそうした愚劣さにおいて典型的であると同時に、日本人のエゴイズムと非紐帯性をこれほど厚顔に発揮した例は他になかった」（『日本人捕虜収容所』）のである。民主運動下の日本人抑留者を見るにつけ、彼らはとにかく連帯や団結を知らなかった。社会的な生き物である人間としては、まるで未熟であった。

ある時の装具点検では、飯盒（収容所生活には欠かせないもので、所内では飯盒窃盗が多発し、ペーチカ（ロシア式暖炉）にかける際も針金で手足などと結びつけておくほどだった）を複数もっていた者と、ひとつも持っていない者がいるのを見て、ソ連の将校から「われわれはドイツの捕虜になって、ひどい目にあわされた。だが、皆んな仲良く助け合って暮らしていた。それなのに、お前たち日本人は何という奴らなのか！」（『白い牙』）と叱責される有様で、収容所における日本人は、助け合うどころか騙し合い、奪い合い、密告、吊し上げが横行し、「日本人に殺される」[1]（同）という言葉が流行るほどだった。

これではただでさえ戦勝者として圧倒的に有利な立場にあるソ連当局に対抗できるわけがない。当初日本側には、ソ連側にも主張すべきは主張し、やらなくてよい作業は拒否しようと、当然の意見を述べる者もいたが、そうした意見は「ソ側を刺激しないように、適当にごまかして早く帰国しよう」という妥協案に押し流されていった。そしてその〝方針ならざる方針〟は、いつしか、「働いて食おう」というソ連側へのなし崩しの協調策へと変貌していき、ソ連が布いたノルマ制にまんまと嵌り、同胞同士が限られた食糧を巡って骨肉の争いを繰り広げる結果となったのである。[2]「日本人の定見のなさ、意志の弱さを、収容所当局は徹底的について きた」（『日本人捕虜収容所』、傍点筆者）のであった。こうした経緯など、対米従属路線に妥協して、ついに完膚なきまでに骨抜きのくらげ民族になった戦後の日本人そのものではないか……。

しかしながら、こうした環境にあってもあくまで抵抗を試み、その信じる所に従って生きた者も居た。民族の弱さにもめげずに力強く咲く花は、どこの戦場にも見出せるのである。

既に言及した伊東六十次郎は、徹底して戦い抜いた一人だ。彼は紙すらようよう手に入らない収容所生活で、血のにじむような苦心を重ねながら日本の再建策を書き続け、それを写した冊子を支持者に託して日本に持ち帰らせた。伊東自身は〝極反動〟として十一年四ヶ月にも渡る抑留生活（後半は囚人である）[3]を送るが、死を覚悟していた彼は、次のような遺書を残していた。

子等に告ぐ
一、間暇あれば書冊を手離さなかった。
一、ペンまたは鉛筆を手離さなかった。
一、至難の情況下にあって、常に日本民族の進展のために努力した。
（略）
吾子《あこ》よ吾子《あこ》よ　波風いかに　すさぶとも
日の本の子ぞ　日の本の子ぞ

また、長野生まれの小松茂朗は母にいつも、お前は〝おちょんき〟（良く言えば侠気、悪く言えば軽率の意）だから気をつけなさいと言われて育ったが、ここでも持ち前の〝おちょんき〟が出た。壁新聞に、「われわれの祖国はソ同盟ではない。日本である。帰国の暁には、力を合わせて敵と闘い、祖国を守るべきである。日本がいま、失業と飢餓に苦しんでいるにしても（筆者注：日本新聞は、戦後の日本が米軍占領下で如何に悲惨な状況であるかを書き立てた）、祖国は祖国である」（『シベリヤ黙示録』）と書いたのである。彼もまた、戦犯ラーゲリへと送られていった。

ある分所では、先述のスタハーノフ運動に関する決議が可決されようとしていた。この決議は分所全体で二〇〇％の作業能率をあげることとしており、これが通れば大変なことになることは誰の目にも明らかであった。しかし、誰一人として一言の発言も出来ない。議事は滞りなく進んでゆくかに見えた。

「誰も異議ないものと認め原案どおり……」

と、そこまで言った時である。突然右手を高くあげて、

「議長、発言します」と立ち上がった者がいた。場内斉しくその者の方向へ視線が注がれた。（彼は越中富山の薬売りで、日頃から同胞相食む収容所運営を強く批判していた）

「私は執行部の一方的な押し付けには、全面的に反対です」（略）

「ソ同盟強化もさることながら、今われわれに課されている一番大切なことは、今までの長い間、苦労に苦労を重ねて来て、生き残った者だけでも、みんな元気な姿で日本へ帰り、日本再建のために働くことで、そのための大切な体であります。この地で、いつまで働かされるかわからないが、日本人同士が無理を押し付けあって、ここまで持ちこたえて来た尊い命を、それによって一人でも失うことがあってはならない。ソ同盟の作業も人命尊重を前提としたものでなければならないはずです」（略）

「現在の食糧では、この寒さに耐えるのが精いっぱいなのに、二〇〇％の作業を強いる幹部のやり方は、日本人同士で苦しめ合うことであります。（略）あまりにも度の過ぎたソ連の

ご機嫌とりは、弱い者が犠牲になり、正直者が馬鹿をみること請け合いであります。（略）」

石のように固く緊張し切って聞き入った一千人余りの参会者全員が、息詰まる一瞬であった。（略）これこそまさに、物言えぬ弱い立場にある私たちにとって救世主の発言であった。「偉い」「全く賛成だ」と、本当は大声で言うべきところ、私をはじめ、みんなその場限りの御身大切主義で、「賛成」という一言を、残念ながらただの一人もあげられなかった。（略）

一瞬、しんとした場内にすぐざわめきが起こった。「度胸の良い人だ」「偉い人だ」「よく言ってくれた」「俺も大賛成だ」それは隣人同士で上東さんを賞める言葉のざわめきであった。だが、声高くはっきり言える人はいなかった。

（十人ばかりの幹部連中が、彼を引き摺りながら場外に連れ去った。ソ連側の銃殺の構えに、上東は少しも怯まなかった）

虱だらけのボロシャツをさっと脱ぎ捨て、上半身真っ裸になり、

「さあ、死はもとより覚悟のうえ、射てるものなら射ってみろッ、真の日本男児の最期を見せてやる。この卑怯者、火事場泥棒め！」（『シベリヤ抑留記――一農民兵士の収容所記録』括弧内は筆者による補記）

最後に、水谷決司の戦いを見てみよう（すべて『日本人捕虜収容所』から。なお、同氏の『赤い凍土』も内容は同一）。水谷ら数人のグループは、結束して民族の矜持を守り通そうと頑張っていた。それをソ連は、徹底していじめ抜いてくる。

ご購読ありがとうございました。今後の出版企画の参考に致したいと存じますので、ぜひご意見をお聞かせください。

書籍名

お買い求めの動機

1　書店で見て　　2　新聞広告（紙名　　　　　　　　　　）

3　書評・新刊紹介（掲載紙名　　　　　　　　　　）

4　知人・同僚のすすめ　　5　上司、先生のすすめ　　6　その他

本書の装幀（カバー），デザインなどに関するご感想

1　洒落ていた　　2　めだっていた　　3　タイトルがよい

4　まあまあ　　5　よくない　　6　その他(　　　　　　　　　　)

本書の定価についてご意見をお聞かせください

1　高い　　2　安い　　3　手ごろ　　4　その他(　　　　　　　　　　)

本書についてご意見をお聞かせください

どんな出版をご希望ですか（著者、テーマなど）

郵便はがき

料金受取人払郵便

牛込局承認

9026

差出有効期間
2025年8月
19日まで
切手はいりません

162-8790

東京都新宿区矢来町114番地
神楽坂高橋ビル5F

株式会社ビジネス社

愛読者係 行

ご住所 〒 TEL:　(　)　FAX:　(　)			
フリガナ お名前		年齢	性別 男・女
ご職業	メールアドレスまたはFAX メールまたはFAXによる新刊案内をご希望の方は、ご記入下さい。		
お買い上げ日・書店名 年　月　日　市区町村　書店			

「この日本人は全員帰国することになった。きみもその一人に加えてあげたい。それとも、きみは帰りたくないというのか？」

「もちろん、ぼくも帰りたい」

堪らない屈辱に耐えながら私はいった。

「そう、帰りたまえ。何もかも懺悔してね。戦争は終わったんだ。過去は一切流れ去って、あらゆるものが新しく始まる。きみにかけがえのない人々が、どんなにきみを待っていることだろう。中森たち三人は、みんな正直に喋ったよ。きみがどうしても本当のことをいわないなら、三人も帰すわけにはいかない。同類だからな……」

彼らは執拗に転向を迫った。サインさえすれば帰国を許すという。だが、それは自分の記憶の中にある、これまで積み重ね、練り固めてきた生き方を裏切るものだった。ここで署名してしまえば、それは自身の前半生への三行半になる……。それでも水谷の心は、揺れ動いた。

〈帰りたい、帰りたい、どうしても帰りたい！〉

頭のどこかが異常に燃え始めた。顔が火のように熱くなって咽喉が乾き、からだが震え、かつて味わったことのない感情に、眩暈が襲ってきた。しかし、彼等の手ででっちあげられた罪状に、帰国したい一心でサインするみじめな自分であってはならないとする頑なさ、かつて国家革新の旗をかかげ国士と思い上がっていた自分、叩かれても叩かれても屈しなかった自分への自信と自尊心が、妥協しようとする自分を激しく非難する。

「どうしても嫌だというなら、ここできみに死んでもらう。きみが、どうしてここに連れて来られたか、これでわかったろう。ソビエトは広いんだ。どこにでも、きみを埋葬する穴ぐらいは掘れるんだ」（略）

「早く日本へ帰りたいとは思わないのか？　そいつはきみの返事次第なんだぜ」

カチ、カチと何かが鳴っているようだった。それが、自分が嚙み鳴らす歯の音であることに私は気づいていなかった。

自らの生き方を守ること、シベリアにおいてそれは、尋常一様のことではない。故郷を懐かしむことさえ、反動とされかねない空気があった。誰もが、自分を愛することをやめていた。自分の感情さえ、忘れて顧みることがなかった。自分の生き方など、一片のパンを前に何の意味も持たないシベリアであった。それでも彼は、戦犯裁判において、意を決し、次のように供述したのである。

俘虜とは、自分で生きて行く自由を持たない無能力者です。その無能力者に苛酷な労働を強制したあげく、背後から使嗾《しそう》することによって民主運動という名の吊し上げを行なわせ、食糧の匙加減でそいつを、労働と共に盛りあげて行った事実を考えてみて下さい。人間が、人間に対してとった行為と思えますか？　私のいいたいことはこれだけです。最後に、もう一ついわせていただきたい。私たちは、戦争に敗けましたが、精神まで敗北していない。

立派である。抑留者の手記は、武勇譚ばかり書かれた少数のものを除き、どれをとっても勝利の印象はない。ここに引いたような身持ちを崩さなかった例にしても、その蔭には彼ら自身が告白するいくつもの敗北があった。しかるに、彼らには自身の生き方へのある種の愛着(4)があった。

伊東の父は、東京大学医学部を出てドイツ留学が決まっていながら、「自己の栄達のために、両親の意志にそむくことは出来ない」と言って東北の片田舎に帰って開業するような男だった。後藤新平から台湾統治に招かれても、父母の孝養を理由にことわった。この父亡き後、母は臨終にあって、「国家興亡の際であるから、伊東家の存続を顧慮する所なく、決して卑怯な真似をするな」、と親戚一同の前で伊東に命じたという。この言葉は伊東にとって、「シベリア抑留生活中の私の心の拠り所」であり、「父の道を歩もうと努力」させるものであった。絶えざる侮辱と迫害から伊東の志操を守ったのは、伊東自身の生き方であるとともに、父の生き方でもあった。我ひとりのものにあらぬ生き方が、より太く、より深い根を張った倒れにくい幹となっていたことは当然である。伊東は父とともに、シベリアでその生き方を守り通したのであった。

伊東や小松、上東、水谷は、傷だらけになりながらも、その決定的な瞬間において、すなわち、自らを愛し得るか、自らが納得し、歩いてきた生き方を守り得るか、というその瞬間において、合理でも打算でもないものが、彼らの中で勝利したのである。それは到底、民族の勝利とは言えなかった。もっと矮小で、もっと独りよがりな、しかし無条件に美しく、気高い勝利でもあった。


だが、これを単に美談としては済まないものが、やはりあるのだ。水谷は、どこの収容所でも「極反動の一隊来たる」として怒号と罵声をもって迎えられていたし、連日連夜、同じ抑留者である同胞から間断なく罵倒され、吊し上げられた。「夜の神経戦、昼の人海労働攻撃に疲労は重なり、涙も出ない情なさと口惜しさに、固いはずの私の決心は何度もくじけようとした」（『日本人捕虜収容所』）というのは無理もない。

また、ソ連人に媚を売り、作り笑いでご機嫌をとる同胞の姿に屈辱を覚えた水谷が、業を煮やして日本人としての矜持を守ろうと諭せば、彼ら心弱き同胞たちは、「同じ囚人なのに、生意気だ（略）ここは日本でもないし、上品ぶる所でもない。お互いに囚人じゃないか。妙にインテリぶるのはやめろ」（同）と邪険に突き離した。日本人抑留者の間に、互いに連帯する余地はおよそ喪われていたのである。

とはいえ、何とかして彼ら戦う者たちとともにあることが出来ないかと考える日本人も居た。

伊東六十次郎を敬愛していた香川文雄は、周囲の目を憚りながらも伊東と接触し、伊東の日本再建策が記された冊子を密かに日本に持ち帰ろうとしていた。見つかれば反動として帰国が延びることは確実である。

三浦庸は、静まり返った群衆の中で、越中富山の薬売りに「賛成」の声をあげたい、いや、あげなければならないと考えていた。なにしろ三浦は、上東と平素談笑する仲でもあったのである。しかし、圧倒的な力をもって同調を迫る所内の雰囲気は、彼らをみじめな挫折に追い込んでいった。

今にして思えば、極めて弱気な、臆病なものだったと言える。戦場において凡庸な指揮官は、味方の不利な状況にのみ心を奪われて、決心が消極的となるというが、当時の私もそうであった。周囲がすべて敵であったからには、困難は当然であり、危険の可能性も、もちろん大きかったのは事実である。しかし、敢えて冒険を恐れぬ精神があれば、もっと違った判断と行動をしていたはずである。人間の価値が問われるのは、こういう時なのであろう。危急の際において、どのような態度を取るかは、結局その人の道徳《モラル》の問題である。（略）

私は結局、実行する方を択んだ。そして、それまで大切に身につけていた本（筆者注：伊東の再建策を写したもの）を、細かに引き裂いて棄てた。数ページずつ千切って、原形をとどめぬまでにして棄ててしまったのである。深夜ひそかに、バラックから離れている便所の中で――（『続・北槎記略』）

私が一言「賛成」と言ったら、あれだけみんな賛意を示していたのだから、それをきっかけに、大勢の人が「同感」と言ったに違いなかった。そうなれば分所の内部も改められただろうし、上東さん一人があんな目にあうこともなかったと思う。（『シベリヤ抑留記――一農民兵士の収容所記録』）

心ある日本人、日本人としての戦いに参じようとする最良の者たちですらも、表立った連携にはいたらなかった。水谷は、収容所の他の抑留者に帰還が告げられるのを独房のなかで聞いた。そこに、どんな顔をしていたことだろう。残される水谷に、懸命に同調の意志を伝えようと近づく日本人の姿があった。

やがて、床のどこかから微かに摩擦する音が聞こえてきた。音は部屋の右隅からであった。音のする方へ腹ばいでにじり寄った私の目は、薄暗い灯の下で床板の隙間から現れたルーブル紙幣を捉えた。紙幣は二十五ルーブル紙幣が四枚、十ルーブル紙幣が一枚…まだ出てくる。（略）最後に汚れたハガキ大の紙片が一枚現れた。

日本人として最後まで頑張って下さい。一足先に帰らしていただきますが、日本でお目にかかれる日の一日も早からんことを祈っております。

日本人同志

どっと涙があふれた。帰国を前にして危険を冒してまでも、幾十人かの汗の結晶ともいえる貴重な金を集めて送ってくれた人々の好意と激励は、その時の私にどれほど心強く思われたことだろう。(『日本人捕虜収容所』)

水谷に憎悪の目を向け、憫笑と敵意を剝き出しにする日本人抑留者たちの内に、こうした人間が混じっていたのだ。「反動を日本に帰すな!」とシュプレヒコールをあげる恐ろしい目、目、目……、その中に、限りない親愛と同情、そして自責に満ちた目があることが、水谷をやりきれない思いにさせていた。水谷は、ついにシベリアに残された。彼を吊し上げる者も、同調したい胸の内をかろうじて示す者も、ともに日本へ去った。水谷は〝日本人の節義〟とふたり、遠いシベリアの奥地に取り残されていた。

〈おれだけを残すのか! おれは残されるのか!〉

自分を抑えようとする冷静さは、とうに失われていた。気がつくと営倉の鉄格子を両手で握っていた。

「水谷さん、お先に帰ります。日本人として節義に生きて下さい。あなたのことは日本に必ず伝えます」「元気で頑張ってください。祈ってます」「必ず、生きて帰ってください」

そんな言葉が、ともすれば自失しそうになる耳に、矢つぎばやに聞こえたのはそれから間もなくだった。彼らは看守の目をかすめて営倉の廊下に走り込み、そう叫んでは駆け去って行った。

〈残されるおれだけに、日本人としての節義に生きろというのか！　日本人としての節義、節義……〉（同）

（1）ある時、初年兵が炊事のゴミ溜めをあさり、肉の入っていた空き缶とキャベツの芯でスープを作っていたところが見つかった。発見者は、『日本人の面よごしめが！』と怒鳴りつけ、またその男を殴ったうえ、パンを一食分とりあげた」（『白い牙』）という。

（2）昭和二十一年七月、河野卓男の分所では、壁新聞を兵が書くことになった。実力者であった副官は、指名した委員に書かせて波風立てぬことを目指すが、河野は、どうせなら公明正大にやろうと主張した。だが、周囲の者は、『帰国も間近なことだし、もう暫らく辛抱しては如何』（略）『内地でも会社の社長や重役は、やはり社員とはいいことをしているのだから、致し方ないですよ』などと言って、しきりに妥協を求めた。河野はそうした姿勢に我慢がならなかった。

「私は、食事の配分および作業に関して指揮者であり幹部である将校連中の独善と不熱心さを強く批判し、猛省を促す文章を提出した。すなわち、重病で寝ている患者に与えられるべき米食が大隊長以下大隊幹部の食料に化けて、患者には高粱で代用されていること、炊事場から相当量のヤミ流しがあること等を、確実な証拠に基づいて指摘し、また作業場における指揮者の不熱心が、ソ連側との交渉その他において、いかに作業員たる兵隊の労働過重を結果しているか等々を詳しく書きしるした。」（『シベリヤ抑留記』）

その結果、壁新聞に掲載されることはなかったが、将校には回覧され、ある将校からは得る所ありと自らの非を認める発言があったほか、大隊長以下数名の腐敗に憤激していた将校は皆痛快がっていると伝えられた。安易な妥協になびかなかったが故の成果といえる。

（3）日本人が罪に問われたのは、ロシア人民共和国刑法第五十八条第四項「資本主義援助の罪」、第六項「共産国の内情を偵知する罪」、第十九項の「サボタージュの罪」が主であるが、これはソ連邦に好ましからざる人物はだれでも投獄出来るようにするための条項であり、多くのソ連人もその適用を受けて囚人にさせられていた。次はこの刑法の出鱈目な適用例である。

問「国境監視部隊を巡視したか」
答「もちろんした」
問「ソ連の方を見たか」
答「無論見た」
問「それは諜報だ」
答「見たどころではない。見えるではないか」
問「国境まではみてもよい。その向こう見れば諜報だ」

また、戦闘に関してのやりとりもはなはだ一方的である。

問「戦車攻撃にあたり、前からするか、後からするか」
答「そんなことは、その場の状況による」
問「それなら後からもやるか」
答「むろん、状況上やってよいときはやる」
問（結論）「それは謀略だ」（御田重宝『シベリア抑留』より）

（4）「名誉や金や権力を剝ぎ取ったら、偉そうに見える人間も案外だらしないものだ。本当に強いということは、持って生まれた性格でもなければ人から教えられて身につくものでもない。正しいことを積み重ねているうちに、自然に培われるものだ。どうだ、そう思えないか？」（『日本人捕虜収容所』、傍点筆者）

六 —— 民族として生きる

人間と動物との差異の一つは、集團に對して責任の自覺をもつか否かにある。人間的な現象である道徳や節操や廉恥心は、決して神の命令によつて生じたものでも、賢人の施策や反省の産物でもなく、個人がその屬する集團に對してもつ責任感から生まれるのである（淡徳三郎『敗戰の祖國を愛す』）

ニューギニアでの日本人の戦いは、もとより孤独だった。軍隊は事実上瓦解し、部隊行動も消え去った。彼らの多くは日常決まった相手と暮らすこともなければ、軍に属する者としての任務さえ、有名無実となっていた。与えられた試練は、ただ生きることにあり、敵は組織でも人間でもなく、己との闘いだった。それがニューギニアの戦場を清潔にした所以である。

だが、シベリアは違った。シベリアには、目の前に取り組まねばならない人間が居り、また共同生活があったのである。それも、ソ連という明確な敵性国を生きなければならなかった。それは自ずと、抑留者であるとともに日本人であることを要請したが、そこにシベリアの醜さが生まれる原点があったのである。人間として気高くなり得た日本人も、集団としては醜態を晒さねばならなかった事実、我々はシベリア抑留記のなかにそのことを確認してきたのである。

シベリア抑留を経験しておらず、戦争も知らない、苛酷な生活にも縁がない現代日本人のお前に、どうしてシベリア抑留者を悪し様に言う資格があるのか、と言われるだろうか。抑留者の代弁者を気取るわけではないが、当の抑留者自身、シベリアにおいて如何に日本人が無様な姿をとったのかを至る所に書き残している。ついこの間まではこちこちの国粋主義者だった陸軍士官学校出身の高級将校が、「自分は日本に帰ったら天皇を殺してやる」（『民族のいのち』）と叫ぶ。「自分たちは日本に生まれずに、ソ連に生まれていたならば、ずっと幸福であったろう」（同）などと平気で話し合う者もいる。伊東六十次郎は、「日本人の民族意識と民族道徳の低級であることをまざまざ見せつけられて、これが最大の国辱であると思った」と述懐している。また、衆議院考査特別委員会の調査委員として抑留問題に向き合った今立鉄雄も次のように述べ、シベリアで見られた醜態は、日本人共通の問題であることを指摘している。

恐るべきは外国の勢力ではなくして、むしろわれわれ自身に内在する民族的性格の弱さである。シベリアに虜囚となった人々が受けたような直接的な圧迫の及ばなかった筈の日本国内においてすら、多かれ少なかれ、シベリア捕虜社会に似たような動向が過去においてあり、今日もまだ存在することを、何人も否定し得ないであろう。（『日本しんぶん――日本人捕虜に対するソ連の政策――』）

実際、抑留者たちにとっての敵は、少なくとも食糧事情が最悪の状態を脱してからは、ソ連人である以上に日本人であったのであり、また、ソ連側との交渉による生活改善の道を閉ざしていたのも、日本人の咎と言える側面が強かった。

勿論、もとはと言えば無法者のソ連が悪いというのは自明である。それを揺るがせにしたり、〝日本もまた悪かったのだ〟などといってソ連の責任を軽くする意図など毛頭ない。また、戦争はやはり罪なものだからするもんじゃない、などと、身もふたもないことを言う気もさらさらない。そうした反省のポーズで足りるなら、日本人は戦後八十年ちかく飽きもせずに繰り返してきたのだから、今更戦記やら抑留記やらをほじくり返す必要もなかろう。そうした欺瞞の積み重ねからは、日本人が卑小な存在から救われることなど決して期待できず、あらゆる光輝や偉大さからは遠く疎外され、民族としての生命をひたすら老衰させてゆくことしか出来ないことは、戦後日本が身をもって証明した端的な事実である。

だが、日本人にソ連に抗するだけの結束がなかったこともまた、ほとんどの抑留記に明らかな事実だった。(1) 目の前の餌に妥協したら最後、どこまでも付け入られるのは、抑留者皆が知っているはずのことであった。

ノルマ一メートルだった道路づくりを、一メートル五にしたらもっとパン・タバコをやるという。これにおれてしまった。それが一メートル十、ついには十五となり、それが出来なければ飯も食わさない、寝かさない、タバコもやらないと、こうくる。「私たちはうまくひっかけられたのだ。」ここにきてようやくみんなは自棄になってほおりだした。日が暮れ、作業などできもしない、赤鬼（筆者注：作業監督の渾名）もついに、『帰れ』と、力なく言う」。真っ暗で収容所に戻った者達は炊事に殺到した。

「押すなア、痛えじゃねえかア、コンチキショー！」

「ナニイ、この野郎！」

「早くしろオ、何やってんだア！」

「うるせえ、静かにしろオ！」

まるで地獄の餓鬼だ。（略）

こんな生活が毎日毎日つづいた。そして、ノルマはやっと《一メートル十》におちついた。《一メートル五》のとき、坐りこみをやればよかったのだ。バカなのは、私たちだった。団結力のない日本人の敗北であった。（『白い牙』）

こんなこともあった。意地悪なラトビア人作業監督（筆者注：彼も捕虜であった）があと一台分だけ丸太搬出をやれというので仕方なく応じると、もう一台、ときた。ノルマはとっくに果たしているのである。「お前はまったくのバカヤローだ！」というと、「バカヤローダヨ、オレワ」と日本語で言って横っ面を殴った。なぜ同じ捕虜の我々をこうまでいじめるのか。これには抑留者もいきり立った。

「絶対にやらねえゾ！」

「当り前だ、これ以上なめられてたまるもんか！」（略）

私は怒鳴った。

「帰ろうぢゃねえか、皆んな！　作業は終ったんだ」

「そうだ、そうだ、帰っちまおう」（同）

しかし、その団結も、あっけなく解消されてしまった。翌日、ラトビア人に泣きつかれた収容所当局の意を汲んだ者が、「ゆうべ、積みこみ作業に行った人は出て下さい」と隊舎に訪ねてくる。著者の松﨑は、「いよ、いよ、おいでなさったな」と、そ知らぬ顔をして狸寝入りしていたが、他の者はぐずぐず文句を言いながらも、「これ以上、事を荒だてると損だ」という結論に達したらしく、「眠い目をこすりこすり、一人、二人と出て行ってしまった」。意地を通せば作業が減る可能性は十分にあったが、日本人抑留者は往々にして、このように団結を維持することに失敗していた。

また、怠業していた水谷にも、元軍参謀や元大隊長が「にらまれていますから注意してください」とか、「他の者が迷惑するから意地を張るのもほどほどに」などと恩着せがましい忠告や注意、抗議を向けた。水谷は次のように言う。

私は発言者の顔を見ながらしみじみ感じたことは、こんな境遇になっても、日本人の思考と行動を規定する道徳律は人間の良心ではなく、他人の前で恥をかかねばよいといったような世間体と、多数の前には無条件に屈服させられる少数の悲哀への諦観ということであった。

そこには、戦に負けたことへの反省も、自分自身の不徳、不明、非力への反省もなく、シベリア民主運動を誰が、どう、何のためやったのかという疑問の分析、検討も忘れられていた。(『日本人捕虜収容所』)

もっと些細な、しかしあからさまな例もある。三浦庸が居た収容所の近くにはソ連の囚人もおり、作業場が近かった。彼らは作業中にせっせと食料を盗んで食べていた。誰かがひったくっていても、みんな見ぬふりをするから監視兵にはめったに気付かれない。しかし、日本人は周りの者がみな手を止めてそちらを見るから簡単に捕まってしまうというのだ。そして、その理由というのが、あまりにも情けない。囚人が見せる連帯すらも、日本人抑留者は為し得なくなっていた。

夜中に隣でクチャクチャ食べられたら、そうでなくとも眠れないほど腹が減っているのだから、食べているときも食べ終わってからも、気になって気になって絶対に寝つかれない。そんなわけで、泥棒に成功した人のために夜中に苦しまされるより、いっそ歩哨に発見され、盗品を取り上げられるよう、皆が祈ったのである。

このように日本人捕虜は、全く我利我利亡者でロシヤ人の囚人とは大きな違いがあった。（『シベリヤ抑留記――一農民兵士の収容所記録』）

武器を持つ戦勝国のソ連にあって、丸腰の抑留者に抵抗を求めるのは酷だというのも分かる。お前は囚われた立場でないからそんなことが言えるのだというのも、一応はもっともである。しかしながら、当時のソ連には日本人と同じように抑留されていた敗戦国民たちがいた。そして、彼らの振る舞いは日本人のそれとは大きく違っていたのである。

（筆者注：カラカンダから約五十キロのスパスク国際ラーゲリにおいて。ここにはドイツのほか、ハンガリー、チェコ等の抑留者が居た）作業の整列、農場への往復の行進、どれもこれも外人部隊、とくにドイツ人にはどうにも見劣りがする。炊事や倉庫のかっ払いはインターナショナルでみんなやっているが、捕まるのは日本人ばかり。キャベツ一個、パン一本盗んで日本人が営倉に入るのに、ドイツ人は炊事場からタルごとスープをかつぎ出し、みんなでのむ。ソ連兵がやって来て「犯人は誰だ」ときくと全員が手を上げて、おれだ、おれだと言い張るものだから処罰のしようがない。（富永正三『あるB・C級戦犯の戦後史』）

ドイツ人俘虜には団結心があった。日本人俘虜が相互に中傷しあい、ソ側のスパイ政策に軽々と翻弄されているに反し、ドイツ人俘虜はかたく団結していた。したがってソ側は彼らの隙に喰入ることが出来ないようであった。実際、彼らドイツ人は団結して仕事もすれば悪事も行なう。

例えば作業場に積んである丸太材を皆で共謀して、こっそり地方人（筆者注：民間人のこと）に売却して平然としている。（略）もしこれが日本人であったらどうであろうか。第一、決して共同作業はとれまい。また万一こんなことをやれたとしても、それを誰かがソ側に密告する。

またこんなことが何かのことから露見して、ドイツ人俘虜の隊長が呼びつけられ、その首謀者を出すように命ぜられたことがあった。そのところ、隊長はかかる犯行者のない旨を回答したので、ソ側では止むなく隊長を責任者として営倉処分にしようとしたが、隊員側では隊長を営倉処分にするならわれら全員も一緒に営倉に入れてもらおうと頑張った。それでソ側は致しかたなく、最初の方針を変えて次の日曜休日を廃し、その小隊だけ全員懲罰作業をやらせることにしたところ、その小隊は作業現場に行ったけれど、全員結束して一向に作業しないという始末。（『ソビエトの真実』）

それにつけてもドイツ軍の俘虜の態度はうらやましい程に素晴しく目にうつるのであっ

た。他所の花は赤く、きれいに見えるものではある。街中でよく見かけるドイツ軍俘虜の一隊は、常に整然と隊伍を組み、堂々と行動している。どこか日本人とは違う。いつか彼等はいっていた。吾々は戦いには負けた。しかしゲルマン民族は世界に於て最も優秀な民族である。今はつらいがいつの日かドイツ魂をもって見返してやる時期が来る、と。同盟国であり同じ敗戦の運命を歩んだ盟友としていくらかひいきな心安さといった気持があったのかも知れないが、そんな彼等の言動が自分には羨やましく心に響いたことがあった。それに引かえ日本人の姿は余りにも浅ましくさえ思えてならないのであった。(『ラーゲル流転』)

見ていると、日本人は一番苦しい仕事を受け持ち、そんなにまでしなくともと思われるほどよく働いている。中国人は要領がよく、彼らの共同の利益のためには堅く団結し、もっとも楽で利益の多い仕事にだけついている。ソ連側に対する態度にしても、彼らは言うべきところは言い、抗議すべきところは適当に抗議するとともに、また適当に媚態を呈することも忘れない。ドイツ人は徹頭徹尾要求と抗議に終始し、三人の女性は完全に労働を拒否し、一人の男も、できるだけ仕事はしないと、決心しているような働きぶりで、日本人からはすっかり嫌われていた。それでいながら、ソ連側からは、日本人は嫌われ、中国人は愛され、ドイツ人は煙たがられている。まさにそれは国際場裡における三民族の地位がそのまま表されているかのように思われた。(『生ける屍I』)

長々と幾つも引用したのは、これらが少数人の臆断ではないことを示すためである。抑留地において外国人と接した日本人抑留者は、ほとんど例外なく、彼らの態度が立派で、志操堅固であったことを報告する。ソ連当局がドイツ人を日本人よりも優秀民族扱いしていたという者もあるが（例えば『続・北槎記略』に見られる）、それも宜なるかな。ソ連当局の思想謀略は、当時ソ連に抑留されていたすべての民族に対して行われたが、「ドイツ人やハンガリー人等の民族的抵抗力は最も強く、日本人の民族的抵抗力はどの民族よりも弱いというのが、ソ連に抑留されていた諸民族間の定評」[2]（『民族のいのち』）であり、「ソ連の監視兵からもしばしば、日本人だけが二派にわかれて喧嘩ばかりしている理由は何かと質問された」（同）というくらいだから、いかにも旗色が悪い。しまいには、怠業している他の民族から、日本人だけがソ連の思惑に乗せられてせっせと労働強化するので迷惑している、という声さえ聞かれたのであった。

そうしてある日、富永は、収容所で知り合ったドイツ人少佐にこう言われたのである。

「カピタン（筆者注：大尉）、あなたには悪いと思うがこんどの戦争でドイツが日本と手をにぎったのはまちがいだったと思う。日本人はすぐれた民族だと尊敬の気持ちを持っていたが、ここで一しょに生活してみてがっかりした」と言う。これはまことに痛い批判であった。国民的教養にかかわる問題といったらよいのか、そのあたりのところを指摘され、特定少数の個人がどんなに高い文化水準を世界に誇ってもどうにもならないものなのだということをつくづく考えさせられた。（『あるB・C級戦犯の戦後史』）

ナチ野郎に言われたくない、などと言っている限り、日本人に向上はない。負けっぷりにおいて日本がドイツに劣っているのは、戦後の両国外交を見れば一目瞭然である。ドイツは日本と違ってソ連侵攻の当事国でありながら、戦後ますます強大となったソ連にも臆さず抑留者返還の交渉を続けた。日本はドイツが率先して作った国際環境に便乗する形で抑留者帰還を成し遂げた格好となったのである。[3]

富永が身につまされたように、シベリアで善く生きることは、到底一人で完遂し得ることではなかった。万一立派に生きることは出来ても、その裏側にはしっかりと、民族として背負わねばならない敗残の影が縫い付けられていたのである。人間として勝利しても、民族として敗北することは免れず、そして民族の敗北は、共時的に生きる同胞全ての、人間としての敗北すらも招いた。シベリアで起きた事は明らかに、民族としても、また人間としても、日本人にとっての全面的な敗北であった。

この点、日本人は知識人や高等教育を受けた者を中心に、民族としての視点を嫌う向きが強い（戦後更に深刻の度を深めたが）。修養とは個人の修養であり、人間ひとりの人格陶冶だと、幾らか取り澄ました高踏的なところがある。だが、それは綺麗事に過ぎないのではないか。無能な教師が生徒の自主性に任せるようなものではないのか。シベリア抑留はそうした聞こえの良い甘えと馴れ合いが、民族同士の衝突の場面にあってはまるで無力であり、いとも無残に敗れ去ることを暴露した。世界史はどの民族にとっても公平に冷酷である。民族としての団結と向上を忘れた者は、個人として歴史と民族に抗わねばならなかったが、それが出来るほどにシベリアは優しくなかった。否、もとより人類の歴史はもっと冷淡で非情なものだった。抑留における個人の闘いは、美しくも儚い、ロマンチックな余韻だけ残して潰えたのである。

これにつき、自らも十一年に渡り抑留された内村剛介は、非政治的で、あくまでも純粋に人間的であろうとする石原吉郎の態度を厳しく指弾している。

「収容所の体験」を「純粋に」「人間的に」見ているフランクル（筆者注：ホロコースト体験を記した『夜と霧』の著者）は「告発をおさえている」「これはソルジェニツィンと対照的なことです」と石原は言うのだが、収容所の体験を純粋に人間的に見れば、今ではひとは「政治的な次元の問題をひきずっていく」ことは避けられないだろう。〝政治嫌い〟は「純粋」で「人間的」だとする石原の予断自体が不正直だ。「純粋」とか「人間」とかいう虚妄の名辞にいかれている石原がここにある。そんなものが後を絶ったからこそ二十世紀は収容所の世紀になったのだというのに、石原はそこになおあえて非政治的人間の純形を空しく措定する。（内村剛介『失語と断念―石原吉郎論』）

実際のところ、人が「人間的に」向上することと、「政治的に」あるいはもっと端的に《民族として》向上することとは、さほどに異なるのか、随分怪しいものである。例えば、同胞相食む民主運動、それは「人間的に」向上していくための明らかな障害であったが、この運動を招く大きな要因であった旧軍隊の「非人間的な」上下関係は、まさしく日本人が《民族として》抱える課題であった。これについては、将校について極めて厳しい批判を向けている松﨑吉信が、批判と同時に次のようにも述べて将校を擁護している。

私は、将校が管理者として仕事を全うするためにはある程度の圧制は必要であったと思う。なぜならば、日本人は団体生活のルールを知らなかった（戦後は民主主義をはき違え、もっと悪くなった）。（略）島国で人口の多い貧乏国という条件も重なって利己的になり、公共的なことをおろそかにするという欠点が出ている。（略）こういう連中を《軍隊》という戦闘を目的とした組織体にまとめていこうとすれば、どうしてもある程度のことはしなければならなくなる。（略）

一方、ソ連軍の兵隊は〝大人〟であった。兵隊が大人だから、将校は圧制をほどこす必要はなかった。威張らないのはロシア人の性質であろうが、威張って距離をおかなくても、兵隊にナメられることはなかったのである。（『白い牙』）

言うなれば、醜い民主運動を招かぬためには、安定的で調和のとれた将校と兵の関係が必要だったし、その関係を生むためには、上官が威張らないでも統制が取れる程度に兵隊の方も人間が出来ていなければならなかったのである。(4)

将校と兵の関係は一例に過ぎない。日本には、ひとたびの敗戦くらいではびくともしないような、民族の拠って立つ精神的支柱がなかった。八紘一宇の精神も、大陸の人民を納得させるまでのものに成熟していなかった。軍隊は国民との関係を適切に形作ることが出来ていなかった。(5)あらゆるものが、未熟だったのである。

抑留も最終盤に入った昭和三十年冬、ハバロフスクで石田三郎を首班とした蹶起が起きる。ハバロフスク第十六収容所第一分所の日本人七百六十九名は、劣悪な食糧事情と病弱者まで営外作業に出させるソ連の非人道的な管理に抗議し、作業拒否と絶食という非常手段で待遇改善を求めた。世に言う、〝ハバロフスク事件〟である。

結末はあっけなかった。ソ連軍ボチコフ中将の指揮する二千五百名のソ連兵は、日本人抑留者の立てこもるバラックに、「ウラー」「ウラー!」と棍棒片手に喊声を上げながら突入した。無抵抗で制圧された抑留者たちは、数箇所の収容所に分散拘留され、代表部の四十六名は監獄に送られて事件は幕を閉じた。

しかしながら、抑留者がその名誉をかけて団結した影響は大きかった。蹶起した彼らのもとには、中国人、朝鮮人、蒙古人の約六十名が、「日本人は意気地なしだ、ソ連の無理無体に一言半句の反駁もなく、酷い扱いにも盲従している、こんな日本人に協力してきたかと思うと私たちは情けなくなりました。私たちは日本人を馬鹿にし、軽蔑し、時には虐待さえしてきました」(『日本人捕虜収容所』)と言いながら、今ここに日本人が民族的団結を取り戻した蹶起への合流を求めてきた。日本人への期待と信頼は、ここに初めて、取り戻されていたのである。日本側は、敗戦の当事者であり、戦争の責任を負った日本人とあなた方とでは立場が違うと言って丁重に断ったものの、彼らは自らの食を削り、毎夜黒パンなどを届けてくれた。日本人が民族としての面目を回復したのであった。さらに、一度心より団結した彼らは、制圧された後も各個に闘争を続け、順次待遇改善を勝ち取っていったのである。[6]

そして何より、ソ連当局はこれ以後、日本人を侮辱したり、軽蔑したりするようなことはなくなった。民族的な団結と自覚、そして民族という一つの運命共同体に対し責任を持ち、自らの奉仕を、そして犠牲を厭わぬという気概が、民族としての名誉とともに、人間の尊厳をも守るのだということが示された瞬間であった。抑留十年余を経て、わずかに日本人は、その生き方を改め、日本民族として生きる道を見出したのである。

石原の一九五七年八月十三日のノートには、次の言葉が書きつけてある。

ひとが
ひとでなくなるのは
自分を愛することをやめるときだ
吉野　弘「奈々子に」

「自分を愛すること。自分を愛すること。一体それはどういうことなのであろう」、石原は自問した。人生のいかなる時でも、たとえシベリアでの抑留生活の場においても、自分を愛し得るということ、また、愛し得るための条件を備えるということ、そのためにはいったい、何が求められるのであろうか。シベリアの苦難に満ちた抑留体験は、われわれにそのことを突き付けているように思えてならない。

「——日本人は最低の民族だ——」

この嘆きは今もなお、この国に生き続けている。

（1）『赤い星の下に陽を求めて』の小池照彦はソ連側と対等と思えるほどの交渉をやり合い、例外的に有利な作業環境を作り上げているが、小池は二十二年八月と、極めて早い段階での帰還組であり、民主運動が激化する前の事例として特異なケースと言える。

（2）「戦争で得た捕虜に対して、その滞在する国のために働くことに積極的意義を見出させ、しかも、捕虜自身の集団組織によって、熱狂的とも言うべき労働を実行させた例は、ソ連以外にはないし、また、同じソ連でも、日本人捕虜以外には、こうした例はなかった」（『続・北槎記略』）

（3）日本もGHQなどを通じて盛んに返還要請を行い、占領終了後もその要請は続いたが、ドイツ（西独）が行ったソ連との返還交渉は、日本のそれより遥かに信念を有するものであり、鳩山一郎首相が訪ソした後、フルシチョフ第一書記は「アデナウアーのような情熱と意思を日本政府がみせるなら、日ソ間の問題解決など四、五日で済むだろう」（『シベリア抑留』）と述べた。

（4）日本人はいまだに〃大人〃にはなっていないようである。自衛隊の統率などをみれば、一目瞭然、兵隊の方は命令に服する構えがまるで希薄だから（兵を責めるのではない、日本人の気質に関する現在地なのである）、幹部（将校）は威張るか、〃降りていく〃しかない。最近ではもっぱら後者が主流である。兵隊と同じ目線と言えば聞こえはよいが、いざとなって「これこれをやってくれ」「これこれを一緒にやろう」で戦争ができるものか。

余談だが、日本人はよく世間の〃お偉方〃を頭から馬鹿にしてかかるか、「おれたちと同じ人間」と言いたがるが、これも幼稚である。むしろ偉い人間には偉いなりのものを求めるのが筋であるし、仮に内実の伴わない人間が上席を占めているのであれば、それはその程度の人間しか供出できなかった民族なり組織の不名誉と感ずるべきだ。私は米軍でこれに類することをそこらに居る普通の軍曹から言われ（彼は、日本人が自らの上官や上位者を馬鹿にした言動をとるのを不快に思っていた）、なるほど米国人は日本人よりか大人だと、悔しい思いをした。

（5）日本軍は猫も杓子も一律に扱う傾向が強く、人に秀でる技術や才能がある者でも、全く無関係の兵種に入れるようなことが多かった。松﨑は機械系の技術者だったが、これもまるで考慮されず、素人同然の連中が自動車修理などに回されていることに憤慨している。これには種々理由が考えられるが、一般にエリート主義が忌避され、「皆同じ下積み生活を送らせる」ことが歓迎されていたことは否定できない。一方、他国軍は必ずしもこのような待遇はとらなかった。ソルジェニツィンはその数学的才能を買われて砲兵将校へと転科されたし、英軍については次のような指摘もある。

「英軍の階級制度は日本とはちがって一般の社会構成をかなり正確に反映している。一般人が応召した場合、短い訓練期間ののち、かれらはもとの社会的地位にふさわしい階級をうけ、それに適合した兵種にまわされるのがふつうである。」（会田雄次『アーロン収容所』）

（6）ハバロフスク事件に参加した抑留者のほぼ全てが高等教育を受けた所謂インテリであったことには注意が必要である。何故なら、抑留者はすでに、図らずも均質なものになっており、団結を容易にする土壌があったとも言えるからである。

第三章

囹《れい》圄《ご》の民族

試された日本人の地金

一　断絶

囹圄《れいご》とは獄舎の謂である。古く、罪過は神に対して犯されるものであり、国構えに囚われた恰好の〝令〟は、獄囚が神意を伺うために跪坐《きざ》する姿を表している。

では、シベリアに繋がれた日本人に何の罪戻《ざいれい》があったというのか。ソ連に対する罪は露ほども認められぬ。平和や人道に対する罪、そんなものがあるのだとすれば、斯様な人間の原罪に等しい咎を、彼らがあの時あの場所で我々に成り代わって償う必然が果たしてあっただろうか。

強いて言うなら彼らは日本民族の欠陥によって、そしてそれを前提に積み重ねられてきた日本人の自然、いわば歴史の自然とでも言うべきものそれ自体によって復讐され、裁かれたといってよい。くどいようだが、他民族がそこに介在しなかったというつもりはない。〝ロスケ〟を無条件に免罪する意図もない。日本に対して敵意を抱いて向ってきた国もあった。しかし、それは言わば国際競争が持つ正当な野蛮性に帰せられるものであり、歴史を前に日本を敗れさせた原因は、やはり日本民族そのものに内包された弱さにあったのではないか。

然るに、敗北すべき民族の運命に最も苛酷な形で巡り合ったのが彼ら日本軍将兵であった。

それはニューギニアも、その他の戦場も同様である。太平洋全域、時にユーラシア大陸の奥地でも重ねられた彼らの塗炭の苦しみは、日本人自らがたぐり寄せ、招いてしまった大破綻によってもたらされた、尊い、そして、余りにも不条理で無力な犠牲に他ならなかった。

私はこれまで〝戦いの記〟を扱いながら、そこに描かれた華々しい戦闘には目もくれず、大東亜戦争における暗く陰惨な場面ばかりをたどってきた。繰り返すが、私とてそのようなものを愉快に眺めるのではない。むしろ戦捷期における日本軍の赫奕《かくやく》たる活躍、そこで呻吟しながらも敵の頑強な抵抗を抜いた忠勇な将兵の偉大な働き、あるいは、雲間に敵艦隊を発見、張り巡らされた弾幕の中を一心不乱に突入してゆく勇敢な飛行兵たちの純真な横顔、戦争の持つそうした表通りの明るさ、人間活動のハイライトとも言うべき気高く美しい場面に浸っていたい気持ちは当然にあるのである。

それでもなお、地獄の戦場に、落日の凍土に訪ねたのは、戦争と我々の間にある断絶を取り除かねば、いかなる意味においても戦争の記憶を我々自身の記憶に出来ないとの思いからである。日本人の現在地、戦争に対する向き合い方を思えば、徒に戦記を読むことなど長らく病床にあった者をいきなり炎天の運動場に引き出すようなものだ。まずは屋内において凝り固まった筋を伸ばし、身体をほぐすところから始めなければ、如何なる活動もうまくはゆかないだろう。その準備運動こそが、本書の主要な目的の一つである。

では、この断絶とは何であろうか。これを一言で説明するのは難しいが、囹圄の人、囚われの日本人はシベリアの他にもいた。〝捕虜〟である。

敵手に落ちた日本軍将兵はＰＷ（Prisoner of War）やＪＳＰ（Japanese Surrendered Personnel：降伏日本軍人）、或いは所謂Ｂ・Ｃ級戦犯などとして戦後も太平洋地域各所で抑留生活を送ることになったが、ひとまず彼らを、旧敵の内に囲われて日本内地と隔絶された存在として単に抑留者と呼んでおくことにする。

シベリアでもそうであったように、抑留者は自分たちの持ち寄ったものだけで秩序を作り上げねばならない点において独特な立場に置かれることになった。彼らは日本の無条件降伏によって内地が戦後を歩み出してもなお、本当の意味で新たな一歩を踏み出すことが許されない立場にあったのである。だがそれは、安易な転向を許さないという意味において、かえって真の意味での再出発となったのかもしれない。敗戦後の抑留者は先述の断絶である〝戦前の思考と戦後の現実の乖離〟に付き合い続ける必要を迫られたが、そうであるからこそ抑留者の経験は極めて示唆に富むものとなっている。また、戦争中（敗戦前）に捕虜となった者の経験は、戦前日本の生き方を異文化に衝突させたという意味で、戦後の課題を先取りしていたものと言えるだろう。

この点、彼らが暮らした収容所では、内地のように敗戦を終戦と呼び、占領軍を進駐軍と言い換えるようなゴマカシは通用しなかった。鉄条網の中に捕われた彼らの眼前には、自動小銃を吊った監視兵の姿が厳然と存在していたからである。彼らはどのような言い逃れも出来ない形で明白に〝負けた〟のであり、目の前で自らの手から武器を奪われた。すなわち彼らは、この断絶に裸で曝され、じりじりと責められたのであり、それは日本民族が本来味わわなければならない苦衷だった。

当然彼らは内地への送還を待ち望んだが、内地と自らの運命を重ね合わせることもまた、難しかった。抑留者の立場はさながら孤児同然になっていた。

「ふるさと便り」を見てなつかしさに顔を綻ばせる。あの記事この記事と、むさぼるように読むが、読んでしまってサテなにか物足りない。「チェッ！」と舌を嚙む者がいる。わたしはいつもその表情を見るたびにあわれを覚える。みんな夢の間も祖国を愛しつづけているのに、内地ではＰ・Ｗのことなどには関心ないようだ。わたしたちは忘れ去られ、内地にはもう用のない人間なのか。生ける屍。（岡田録右衛門『ＰＷの手帳　比島虜囚日記』）

抑留者と一口にまとめたが、日本における〝捕虜〟の扱いについては触れておかねばならない性格がある（なお、抑留者と捕虜は元来全く異なる存在だが、ここでは拘らない）。戦陣訓にある「生キテ虜囚ノ辱ヲ受ケズ、死シテ罪禍ノ汚名ヲ残スコトナカレ」はあまりにも有名だが、時の陸相東条英機による訓示の「本訓　其ノ二　第八　名ヲ惜シム」の一部を成したこの字句は、当時の一般的な捕虜観念を反映しており、日本軍において捕虜となることはタブーであった。

実際、日本は一九二九年七月二十二日に『俘虜ノ待遇ニ関スルジュネーヴ条約』に調印したものの枢密院で賛成を得られず、大日本帝国憲法下の主権者たる天皇の批准を奏請出来なかった。これは、陸海軍次官から外務次官に対して「研究の結果、御批准方奏請せられざるを可とする」との意見が提出されたためであったが、海軍次官は次の四つの理由を挙げている。

一、帝国軍人の観念よりすれば俘虜たることは予期せざるに反し、外国軍人の観念に於ては必ずしも然らず。従て本条約は形式は相互的なるも、実質上は我方のみ義務を負ふ片務的なものなり

二、俘虜に関する優遇の保証を与ふることとなるを以て、例へば敵軍将士が其の目的達成後俘虜たることを期して空襲を企画する場合には、航空機の行動半径倍大し帝国として被空襲の危険増大となる等、我海軍の作戦上不利を招くに至る虞あり

三、第八十六条の規定に依り、第三国代表が立会人なく俘虜と会談し得る点は軍事上支障あり

四、本条約の俘虜に対する処罰の規定は、帝国軍人以上に俘虜を優遇しあるを以て、海軍懲罰令、海軍刑法、海軍軍法会議法、海軍監獄令等法規の改正を要することとなるも、右は軍紀維持を目的とする各法規の主旨に徴し不可なり（傍点筆者）

国際条約に関してかかる状況であったため、昭和十六年の開戦時には連合国側より俘虜取扱

に関する問い合わせがあり、東郷茂徳外相は、「何ら同条約の拘束を受けざる次第なるも……俘虜に対しては同条約の規定を準用すべし」と回答している。

では、一般の将兵は捕虜についてどのように考えていただろうか。日米戦の捕虜第一号となったことで知られる酒巻和男は次のように書いている。

人事を盡した後の天命かは知らないが、勇戰奮闘して倒れたあの時、散つた戰友と共に死なば諸共と戰ひ抜いてきた我々、生死の間を抜けて大我に生きんと努めた我々、何たる悲しい運命のいたづらか、死んだのが生きてゐた我々であつた。身も心も潔めて戰つた其の最後は我も人も最大の恥辱とし國賊とまではゆかないまでも、非常な輕侮でみてゐた俘虜であつた。（『俘虜生活四ヶ年の回顧』）

もっとも、敵の軍門に降るのを忌むこと自体は軍人一般に共通の感情であろう。開戦直後のクリスマス、香港総督マーク・ヤング卿が日本軍に降伏を申し入れたと耳にした或る英海軍老士官は次のように憤った。

降伏のニュースを聞いて、呆氣にとられていた風だったが、次の瞬間テーブルを拳骨でドシンと叩くと、

「降伏だ？　海軍は降伏などという事はせん！　わしはあくまで戦うぞ！」（ルイス・ブッシ

ュ『おかわいそうに』）

十三歳で海軍に入りネルソン魂を叩き込まれたという生粋の軍人でなくとも、この事情は同じである。シンガポール陥落に際しても、「明日以降のことを考えるのはよそう。いま必要なのは、とにかく眠ることだ。日が昇るまで眠り続けた。熟睡したので夢も見なかった。翌朝、幸せそうな顔をしている者は誰もいなかった。我々は、捕虜になったのだ」（デリク・クラーク『英国人捕虜が見た大東亜戦争下の日本人』）と無念が語られている。

だが、日本における捕虜観は他国とは全く異なる状況にあった。欧米では捕虜となることは一般に名誉を失うこととは見做されず、敵前逃亡や命令違背と見做されるような場合を除き、最後まで敢闘したとしてむしろ厚遇されることが常であるのに対し、日本では石をもって追われたのである。復員した酒巻を迎えたのは、東京からの「『復員省に出頭せられたい。』といふ電報と、『直ちに割腹して世間に詫びよ。』といふ手紙」（『捕虜第一號』）であった。これなど、復員捕虜が皿洗勤務についていることが新聞に出るや次のような反応を示した米国民とは対照的である。

「一般の感情を非常に刺激し、責任将校を非難する沢山の投書が寄せられた。（略）私は司令官に呼び出され、私達が皿洗勤務をしてゐるのは大きな間違ひで、私達のために出来るだけのことをしやうと言はれた」（ジェコブ・デシェーザー『私は日本の捕虜だった』）

戦後にしてこうであるから、戦前はこれにも増して酷薄だった。日露戦争時の出来事である。

熊谷郊外の別布村から三九歳の老兵ながら出征して重傷を負い捕虜になった木部治三郎上等兵の場合は、本人の帰国前から息子が小学校でいじめられ、村の顔役が留守家族に離村を勧告にくるありさまだった。（秦郁彦『日本人捕虜』）

木部上等兵は復員後に郷里を離れ、東京でパン屋を開いて生活を再建していったが、こうした復員捕虜への村八分に等しい迫害は別段珍しいことではなかった。[2] 戦後の価値観に従えば、これらは総て忌まわしい日本型ミリタリズムの一表出であり、ややもすれば軍部が国民の生活を歪めていた実例のように考えられるだろう。

が、事はそう単純でもない。日本における斯様な捕虜観は、必ずしも〝軍部が国民に強いた〟式に片付けてよいものではなかったのである。

（1）シンガポール、コレヒドールの降将であるパーシバルとウェンライトは、昭和二十年九月二日、ミズーリ号における降伏文書の調印式において、マッカーサーの後ろに呼び寄せられ、彼が署名に使用した万年筆を贈られた。ウェンライトはその後トルーマンにも歓待され、大将に進んでいる（ジョナサン・ウェンライト『捕虜日記』）。
（2）上海事変で捕虜となった空閑昇少佐の留守宅は身重の妻が守っていたが、ここにも投石など、地方人（一般市民）からの迫害が及んだ。空閑少佐の妻はその後夫が自決に追い込まれるや、「おくればせながら自殺しましたので、やっと日本軍人としての面目が立ったのではないかと思います」（『日本人捕虜』）と語ったが、そのように言わざるを得ない世論であった。

二——戦陣訓精神の成立

戦陣訓の精神は、多くの者が証言するように日本軍の習いとなっていた。それはむしろ、戦陣訓という形式に依らずとも自明なものですらあったが、たとえば次のような形で日本軍将兵の身の振り方を規定することになる。何度かの降伏勧告を拒否し、硫黄島で部下と共に自決した浅田中尉が敵将スプルアンスに宛てた書簡である。

閣下の私らに対する御親切な御好意誠に感激に堪えません。
閣下より頂きました煙草も肉の缶詰も、有難く頂戴しました。
お勧めによる降伏の儀は、日本武士道の習いとして応ずることはできません。
もはや水もなく食もなければ十三日午前四時を期し全員自決し天国に参ります。

昭和二十年五月十三日　日本陸軍中尉　浅田真治

（『日本人捕虜』、傍点筆者）

ここに見られるように、こうした俘虜忌避は日本の伝統であるかのように認識されていた。たしかに、日清戦争に臨んだ一八九四年九月、山縣有朋によって「万一如何なる非常の難戦に係はるも、決して敵の生擒する所となる可からず。寧ろ潔く一死を遂げ、以て日本男児の気象を示し、日本男児の名誉を全うすべし」との訓示が麾下将校に対して出されたような事実はあるものの、この前段に「敵国は古より極めて残忍の性を有せり。戦闘に際し若し誤て其生擒《せいきん》（筆者注：生け捕られた俘虜）に遇はば、必ず酷虐にして死に勝るの苦痛を受け……」などと見えるように、あくまでも決死の覚悟を求める檄文としての意味合いが強いものである。

事実、この十年後に戦われた日露戦争においても、捕虜になったからといってそのこと自体を軍や政府に追及されることはなく、「帰国後の俘虜審問会議の結果、免官となった将校は陸軍では大尉、中尉各二、少尉一、また、海軍では少佐二、大主計（大尉相当）一に留まった」（吹浦忠正『捕虜の文明史』）し、この処分についても「部隊の指揮に失敗したとか齟齬があったとかが問題とされた」（同）に過ぎなかったのである。(1)

試みに時代を戦乱の世まで遡ってみる。織田信長の跡目を巡る争乱のさなか、秀吉は佐久間盛政を破った後に前田利家のもとを訪れる。門前で面会を求めた秀吉に、利家は次のように答えた。

「合戦の習いとして、運を天に任すとは申しながら、味方は一戦も交えずに敗北し、いまこうして思いもかけぬ対面とは、なんともはや面目なき次第。このうえはいさぎよく切腹する覚悟」（『名将言行録』）

これに対し秀吉は、「いったんは義理によって、敵味方に分かれたが、これは武士とすれば当然のことで珍しいことではない」と応じて利家を腹心に迎え入れている。島津義久が剃髪して降伏してきた際も、「降参してきたので死罪を赦す。このうえはたがいに意を通じあわせることにしよう」と言って、刀脇差を下賜した。常山紀談には、関ヶ原合戦後の処置として次の様な記載がある。

石田を始め小西安國寺生どられて、三人の肌に木綿のやぶれたるものを著たるを東照宮聞し召、石田は日本の政務を取たる者なり、小西も宇土の城主なり、安國寺もまたいやしむべき者にあらず、軍敗れて身の置處なき姿となるも、大將の盛衰は古今に珍しからず、命をみだりに棄ざるは將の心とする處、和漢其ためし多し、更に耻辱にあらず、其まま京中をわたしなば、將たる者に耻をあたふる事吾耻なるべし

小西行長（キリシタンであったため自殺と見做せる切腹は拒否し、斬首となる）はこの沙汰を恥じ入る思いで聞きながら落涙、安國寺恵瓊も赤面しつつ顔を伏せたというが、いかに乱世とはいえ、降将の名誉を守るような処遇も存在したことが分かる。そうした柔軟さ、厳格な処断一

辺倒でない豊かさは、その剛に免じて流罪となった源為朝や年若であったことから助命された頼朝義経兄弟のようなもっと古い例にも見出せる。

或いは、こういう例もあった。越前朝倉氏を攻略中、一人の生擒が信長の前に引き出された。信長が問うことには、「汝ハキコユル勇士也、何トシテ生捕ラレタリケルヤ」。答える男は、印牧彌六左衛門といった（『總見記』）。

自身数回敵ニアタリ、息キレ身ツカレ申スユへ、角トラヘラレ候

信長は、「勇者程アルゾ、正直ナル申シ分也」と感心、助命する代わりに朝倉攻めの案内を務めよと命ずるが、印牧は次のように申し述べてこれを断った。

併某《それがし》苟《いやしく》モ朝倉譜代ノ家人ニテ、剰國中奉行ノ名ヲ汚セリ、身不肖ニ候ヘバ、タトヘ義景（筆者注：朝倉氏十一代当主）目ノ前ニテ忠義ノ討死ヲコソ不レ仕候トモ、敵陣ニ請受テ一命ヲ助ル事思ヒモヨラズ候、貴命ノヲモムキニシタガハヾ、累代ノ瑕瑾《かきん》當時ノ耻辱是ニ過タル不覚アルマジ、兵盡矢窮テ生捕トナル事モ戰場ノ習也、大將ニ先立テ士卒ノ死スルハ軍ノ道也、厚恩ニハ早々頸ヲハ子《ね》ラレテ給ルベシ

（大意／いくら死に損なった身とはいえ、敵に助命されようとは思わぬ。万策尽きて敵の手中に落ちるのも戦さでは珍しいことではない。むしろ早々に我が首を刎ねよ）

これに対し、既に織田方へ寝返っていた前波吉繼が色々と異見を差し挟んだが、印牧は一喝これを退け、ただ、侍の流儀として切腹を許されるよう望んだ。

印牧眼ヲ怒ラシテ、汝コソ主君朝倉殿ヲ捨、降人ト成テ不義ノ擧動、人非人ノナスワザナリ（略）

凡ソ侍タル者ノ敵ニ逢テ生捕ラル丶事、古今珍シカラズ、雑兵同前ニ頸切ラレン事思ヒモヨラズ、只切腹コソ本意ナレ

（大意／かく言う貴様は主君を裏切った不忠者ではないか。武士たる者なれば、敵に生け捕られることもよくあること。ただ有象無象の雑兵のように首を落とされることは無念であり、切腹を許されたい）

以上のような例の内には、敗北や敵手に落ちたことを不名誉と考え、死を以てこれに報いる傾きが認められる。しかしながら、その不名誉は絶対不動のものではなく、切腹（自決）は武士の規範としていついかなる場合も要求される性質のものではなかったことがうかがえる。場合によっては降伏も辞さない「勝敗は兵家の常」や、死に至るまでの敢闘を誓う「城を枕に討死」、といった一見対立する格言が存在することは、こうした流動的で臨機な性格を表しているといってよいだろう。

この点、敵の性質、主家や主君の状況、彼我の関係性、それまでの経緯、俘虜自身の人柄／徳性といった様々な要素が俘虜の振る舞いを形作らせたが、それでもなお、武人として称賛される振る舞いに一定の型が存在していたことは無視出来ないし、戦乱の世を現に生きていた彼らは、それに自身の生命と倫理観とを賭けて臨んでいた。剛勇も廉潔も怯懦も、彼らにとっては自身の生き方そのものであったと言える。その意味において、百人百様の俘虜の扱いや振る舞いも、すべては天然自然の武士の流儀であると言い得る。

思えば、かくあるべしという道義観念と実際の有り様に距離があるのはいつの世も変わりはない。ややもすれば人間の現実の在り方と無関係に生長する理想が健康な生命力を持ち得、また人々を正しく規律するのは、そこに生きる者たちが生活の中でその理想の必要を感じ、自らの手で追求される場合に限られる。それゆえ、江戸期に入って戦乱が途絶えた後の武士道は、次第次第に観念化していくことを免れなかった。儒教と結びついた士道論として支配階級の道徳律となったり、葉隠に代表されるような或る種の反動的性格を見せたりしたが、いずれにしてもそれが一般道徳規範として庶民にいたるまで広く普及したり、またその規範が日常的に実行されることは無かった。

当たり前の事であるが、中世といえど足軽雑兵の類いまでが「生きて虜囚の辱めを受けず」と生きたのではないし、侍稼業の者でさえ、皆々までそれを金科玉条としたのではなかった。それを思えば、こうした極めて自律性の高い戒めはごく限られた人間のあいだでのみ保持される余地が生ずるものであって、有象無象の人間で構成される近現代の軍隊に適用されるような代物でないことは明白である。サラリーマンや八百屋が侍の子であることは稀だし、たとえそうであったにせよ、維新前の精神を留めていることなどほとんど期待できないはずである。

ところが、昭和期に葉隠が国民道徳として持て囃されたように、この謂わば「特殊階級に時として見られた無降伏主義」は国民の中に広く浸透し、日本人の行動を規定する道徳律にまで高められていった。ラッパ手木口小平や軍神広瀬中佐、爆弾三勇士などといった軍国美談は、勇敢な戦死を以てその生命を終わらせることこそ軍人の本分であるとの感覚を国民の中に制御不能なほど育て、また捕虜となることは卑怯であると考えさせることの一助となったが、大まかな経過としては、秦郁彦の言を借りれば次のようになる。


総合すると、大正期には明治期より一歩進んで、理由の如何、状況の如何を問わず捕虜となるのは許されぬとの観念が固まりつつあったと推察できる。

昭和期に入ると、第一次上海事変（昭和七年）の空閑少佐自決事件という大美談が引き金になって、軍民を問わず自明の原理となって定着したかの観がある。

そして太平洋戦争期には、ルース・ベネディクトが日本人の無降伏主義は「特に正式の教育をする必要はなかったらしい」と皮肉る域にまで達した。戦陣訓は、いわばこうした国民的捕虜観への追認だったと言えよう。（『日本人捕虜』）

この際、軍がこの流れにまったく恬淡として無関係だったとは当然ながら言えない。[2] たとえば、次のような動機が存在していたことも無視できないだろう。

日本軍は、日露戦争の戦訓から攻撃には強いが防御戦には弱く、指揮官を失った退却戦では潰乱状態におちいり、大量の捕虜を出す傾向のあることが認識された。日露戦史の編さん方針を参謀本部で論議したさい、内山小二郎大将ら高級指揮官の少なからぬ者が、「日本兵は実はあまり精神力が強くない……しかしこのことを戦史に書きのこすことは弊害がある。故に精神力の強かった面を強調し、その事を将来軍隊教育にあって強く要求する」と主張したという。（同）

軍を擁護するのであれば、先述の通り世論はすでに明治期から、軍部の働きかけなどとはほとんど無関係に過熱した状態にあった。日露戦争では軍が勲功を認めた生還捕虜に対しても迫害が行われ、郷里から追い出されたり、郷党朋友からの白眼視に耐えられず発狂する者もでた。そうした世相を反映して、軍内の審問でとがめを受けなかった村上正路大佐（奉天会戦で負傷し捕虜となる）に下級将校が敬礼しないというような事態も起きた（同）。軍の意志なるものとは離れたところで、日本人の中に存在していた捕虜への軽侮傾向はかくまで肥大していたのである。いかに軍といえど、こうした全国民的な傾向に抗うことは難しい。軍自体がこうした国民によって構成された組織でもあるのだから当然だろう。

また、軍にしてみれば戦争において勝利を獲得することが目的であるから、その兵となる国民を勇敢に、また軍律を保って戦うよう手を尽くすのは当然である。臆病ですぐに敵に走るような国民性であっては、とても戦争など遂行できないのは明らかだが、果たして、日本人は生まれながらに優秀な兵であり得たのか。この点、坂口安吾の次のような観察は、我々の目の前にも居る日本人に与えられた評価として甚だ至当なものと言わざるを得まい。

元来日本人は最も憎悪心の少い又永続しない国民であり、昨日の敵は今日の友という楽天性が実際の偽らぬ心情であろう。昨日の敵と妥協否肝胆相照すのは日常茶飯事であり、仇敵なるが故に一そう肝胆相照らし、忽ち二君に仕えたがるし、昨日の敵にも仕えたがる。生きて捕虜の恥を受けるべからず、というが、こういう規定がないと日本人を戦闘にかりたてるのは不可能なので、我々は規約に従順であるが、我々の偽らざる心情は規約とは逆なものである。(『堕落論』)

こうした日本人一般の弱さ(3)に対する不信感が、戦陣訓やそれに先立つ相互環視を要請し、奇形としての空元気ないし空威張りを招き寄せてしまったのだと考えることは、いささか軍に甘過ぎるのであろうか。だが、強力な規則というものは互いの信頼感がないところに要請される。賢人集う竹林に法律は要らない。同胞に対する遁走への疑いや心からなる連帯感の欠如こそが、かの苛酷な掟を育てた因ではなかったか。軍紀厳正、士気旺盛なる兵には本来督戦すらも必要ないのである。

然るに、軍の度重なる軍紀粛正にも関わらず、兵隊となった日本人を統御することには困難を伴った。東部憲兵司令官だった大谷敬二郎は言う。

中国戦場における軍紀の退廃とその残虐、日本軍のすべてが、そうであったと言っては軍の冒瀆であろう。だが、たとえそれが百万軍隊でのほんの一握りのできごとであったとしても、このような記録（筆者注：中国戦場での殺人、強姦、略奪、上官暴行、抗命、敵前逃亡）が書き残されているかぎり、そこでの軍隊は断じて健全であったとはいえない。日中戦争は、この国軍がすでに精神的にその崩壊のきざしをしめしていたものとして注目したい。（大谷敬二郎『捕虜　生きて虜囚の辱めを受けず』）

実際、戦陣訓の起草にあたった白根孝之元陸軍中尉も、これが主として当時の軍紀紊乱に対応するためのものだったことを述懐している（吹浦忠正『聞き書　日本人捕虜』）。つまるところ戦陣訓ないしその精神は、ともすれば乱れがちであった軍紀軍律を守り、困難な戦場で勝利に至るまでの敢闘を促すための鞭であり拘束衣としての性格を帯びていた。そして投降を潔しとしないこの精神は、あまりにも多い玉砕を招き、異常とも思える犠牲を積み上げていったのである。

数字を見ればその特異性は明らかである。西欧諸国では一般に、戦死者と捕虜の比率は一対四程度というが、南方地域、とりわけビルマにいたっては、この割合は一二〇対一という驚異的なものであった（ルース・ベネディクト『菊と刀』）。また、二次大戦間の日本軍は俘虜を五万人程出しているが、西欧諸国からは一桁ないし二桁多い数の俘虜が出ているのが普通である。二次大戦期間を通じた日本軍の戦死者に対する捕虜の比率は、陸軍が２・35％、海軍が３・０％に過ぎなかったという調べもある（ウルリック・ストラウス『戦陣訓の呪縛　捕虜たちの太平洋戦争』）。戦場の様相に違いがあったとはいえ、この懸隔には相応の意味を見出してよいだろう。

日本軍将兵は、その当否はともかくとして捕虜になることを恥と考え、戦闘の終局においてはそのほとんどが自決ないし自殺的攻撃によって命を棄てていった。敗戦前に捕虜となった者といっても、自発的な投降者は数から言えばごく少数であり、大半は半死半生で前後不覚のまま救助されたり、偶発的に包囲拘束された者であった。捕虜となった者は内地に通告されることを恐れて本名を名乗らず、見知った者に収容所内で出会うことすら避けた。共に苦しみを分かち合うべき同胞は、捕虜であってはならなかったし、自らも捕虜であってよいはずはなかった。死ぬべき存在が生き残ってしまったという事実の下に、捕われた日本人たちは生きる道を奪われていた。生は死が選び取られるまでの猶予に過ぎず、僥倖としての生を享受することなど考えられないことであった。

しかるに、これは果たして日本人の生き方として至当であったと言えるのだろうか。捕虜たちは国際赤十字の手によってその姓名を本国に通報されていたが、先述の通り偽名であることが多く（長谷川一夫が一番人気だった）、また日本政府も家族の名誉を気遣って握りつぶすことが多かった。戦死公報などを受け取った場合、捕虜として異国で生きているにもかかわらず葬儀を済ませたり、不運な場合には未亡人が再婚してしまうことさえあったのである。

ニューギニアで捕虜になり濠州カウラ収容所から復員した森木勝（『暁の蜂起』）は、六年ぶりに故郷高知に帰り着いた。横須賀から電報をうち、高知に着いて復員世話課から役場に電話をかけておいてもらったにもかかわらず、駅には一人の出迎えもなかった。森木は、やはり捕虜になった者など生きて帰ってはならなかったのかと自問したが、居合わせた老人に話しかけられる。

「エッ！　おまさんニューギニアからもんた？　ニューギニアは全滅したというて、いままで一人ももんた人がないに。おまさんよう帰ったもんね、長い間、なんぼか苦労したろう。おまさんおうちはどこだね。家の人もなんぼか待ちよろう。はよういんじゃり。どりゃ、わしがその荷物を持って行ってやろう」

少しばかり気を取り直して駅前の電車通りを、西へ三〇メートルくらい歩いたときであった。

向うから自転車が走ってくる。体を上下左右にゆすりながら一所懸命ペダルを踏んでいる。近づいた顔を見て思わず私は大声で呼んだ。

「新宅の猛やんじゃないかよ」

猛やんは自転車からはね上がるようにして飛びおりた。自転車を立てて、猛やんはじっと私の顔を見つめた。息づまるような数秒だった。

「おお、本当に勝じゃ」

そう言って、猛やんは私のからだに抱きついてきた。

「お前は四年も前に戦死したということで、葬式も終り、墓もできている。まるで夢じゃ」

あとはもう言葉にならず、嗚咽するのみだった。


電報はたったいまついたということだった。畑に出ていた者には知らせをやり、取るものも取り敢えず飛ばして来たという。自転車を借りていちもくさんに実家へ急いだ、無我夢中でペダルを踏んだ。

菊楽入口付近まで行ったとき、これまた自転車ですっとばしてくる弟とぶっつかった。急ブレーキとともに私は自転車から飛び降り、同じく自転車を道路のまん中に投げすてた弟と、走り寄って抱き合った。（略）
「兄やん、よう帰ってきた。兄やんは三年前戦死ということで、大きなお葬いもしてもらい、墓もできて、兄やんが戦死ということで、おじいさんが嫁をいそぎ、自分は去年家内をもらうて……」

会うべき人はもう決まっていた。六年前の出征の日、誰よりも我が身を案じていただろう肉親。今こうして同じ空の下、ふるさとの地に居ることが信じられない。息をするのも忘れて漕いだ。

砂ガ森にさしかかったときである。向うから息せき切って小走りに近づく母を発見した。かなりの間隔はあったが、それが母であるということはすぐわかった。

母の前で自転車をおりた。六年前と少しも変っていない。私は母の姿をまじまじと見つめた。母もしげしげと私を見入る。その目からとめどもなく涙が流れている。母はなおも私を眺めていたが、やがてソッと私のからだに手をふれた。そして、せきをきったように嗚咽しはじめた。（略）

「お母さん、ただいま」

「ようもんだ、ようもんだ。なんぼか苦労したろうね。お前の葬式はしたが、本当に死んでしもうたような気はしとらんだった」

戦陣訓に結実した捕虜を禁じる戒めは、こうした人間自然の在り方からあまりにも遊離したものであり、近代国家の軍隊を規律する掟としてふさわしいものとは到底言えない代物であった。

戦わなければならない日本の歴史と、その歴史を引き寄せた国民性、そして、その国民をして戦いに赴かせる為に要請された戦陣訓精神……、日本民族の宿命を軍人として背負った日本軍将兵は、戦陣にあって偉大な敢闘精神、忠烈無比の働きを見せたが、戦い去りし後、その無理と矛盾とが次第に露呈してゆくことになる。

敗戦直後、早くもそれは哀しい分断を生んでいた。捕虜同士の間にも、冷たいすきま風が吹いていたのである。

私（筆者注：敗戦後に〝大命に依り〟ＪＳＰとなった）は、行き会った一人（筆者注：敗戦前の投降捕虜）に「やあ」と声をかけてみた。顔をそむけて応答してくれなかった。（略）私たちは、自分たちを立派だとは思っていない。ことにろくろく戦闘もしなかった私など威張れるわけがない。しかし、こういう人たちを目の前にすると正直なところ、おれは投降はしなかったという気分がわき、優越者みたいな気になるのを抑えきれなかった。（会田雄次『アーロン収容所』）

（1）騎兵斥候として敵地後方に潜入中、ロシア軍に捕えられ数時間後に脱走生還して貴重な報告をもたらした古賀伝太郎少尉のように、軍司令官から感状をもらった例もあった。（『日本人捕虜』）

（2）一九三二年七月七日、陸軍大臣荒木貞夫は内閣官房総務課長に対して「捕虜となりたるものは死すべきものなりと考う」（永瀬隆・吉田晶編『カウラ日本兵捕虜収容所』）と述べているように、この頃になると軍部の中にもこうした捕虜観は強く存在していた。

（3）「日本人は國家といふものに頼りすぎた。海外發展も、個人の努力開拓より、寧ろ日の丸の旗の威力の下に、その蔭に繋つて來たのである。東洋的の事大主義は、知らず識らずの間に、日本人の國民性として隠然たる勢力を占め、國運華やかな時は、非常な團結の力を發揮するが、情勢一度非になると忽ちその團結力を失ひ、個人利己主義の殻の内に逃避して仕舞ふ。由来勝戰には強いが、負戰には脆いと謂はれる所以は茲にある」（河村参郎『十三階段を上る──戦犯処刑者の記録──』）

三——捕われた日本人

さりげなき様はよそへど口笛に呼ばるる時し屈辱（はぢ）を嚙みいる

（セレンパン　深山重好／『マレー捕虜記』より）

捕虜となった日本人はどのような姿をとっただろうか。まずは戦中の様子を追ってみたい。ルース・ベネディクトの『菊と刀』などによって、日本軍人がひとたび捕虜となれば頼まれもせぬのに軍機にあたる情報を喋り、しまいには自ら爆撃機に乗り込んで友軍の位置を教えたという事実は比較的よく知られている。ではいったい、何が彼らをそのような行為に走らせたのか。

前項でも触れたとおり、戦った末に敵手に落ちた日本軍人の大半は、捕虜となったことに後ろめたさを覚え、強い自己嫌悪に襲われた。そのことは次のような調査にも明確に表れている。

戦時中にビルマ、インド、南西太平洋などの各戦線で捕虜になった日本兵千九百五十三人を対象にした面接調査で、三分の二以上が捕虜になったことを恥辱と思い、家族への通知や所属会社への復帰を希望しなかった。また、自決を否定したものは二十五パーセントしかおらず、七十五パーセントが自決または処刑を希望したという。（米国務省臨時国際情報部による『日本人捕虜の戦争に対する態度調査報告』／『聞き書　日本人捕虜』より）

捕虜第一号となった酒巻和男は死に後れた引け目を感じ、米本土に移送されてからも寝台やストーブの利用を拒み、零下十何度という寒さの中で冷水をかぶり乾布摩擦を行っていた（『俘虜生活四ヶ年の回顧』）。彼の瞼には、戦友のにっこり笑って死んだ顔、「あの日あのときの感激の血闘そのもの」が浮かんで、どうしても離れない。故郷や両親のことすらも思い出すことはなかった。「何故死ねなかつたのだ、何故生きてゐたのだ。確かあの時は死んでゐた筈だのに、誰が此の俺を生かしてしまつたのだ。生きたのが恨めしい」、煩悶は半年あまりも続き、酒巻は当時のことを「或は私は半狂人であつたのかも知れない」と回想する。

沖野亦男海軍大佐は、海軍乙事件（連合艦隊司令長官古賀峯一海軍大将搭乗機が殉難、同じく遭難した参謀長福留繁中将が保持していた機密文書が米軍の手に渡った事件）で一時的に捕われた福留中将を除けば、敗戦前に捕虜となった最高位の軍人である。中国大陸での不時着で捕虜となった沖野は元来戦争拡大には反感を抱き、日中協調の考えを腹蔵するリベラルな軍人だったが、その沖野にしても、捕虜となったことは慚愧に堪えない痛恨事であった。

ある日の午後、日本空軍の編隊を見る、西北から来て東南に飛び去る。（略）胸かきむしらる思ひ、寧ろ日本の爆弾の直撃で死んで終ひ度いと思ふ（『生ける屍の記』）

日本在住経験があり、米国の情報将校[1]として日本軍人の尋問にあたったオーティス・ケーリ（日本語学校でドナルド・キーンの同学だった）によれば、大抵の捕虜はまず「私を殺してください」と訴え、或いは「アメリカに連れて行ってください。何でもします。ボーイにしてください」と懇願したそうだが（『よこ糸のない日本』）、いずれにしても、捕虜たちにとって日本人として生き続ける道は到底期待し得ないことだったと言える。

だが、彼らを待っていたのは覚悟していた苛酷な待遇ではなく、むしろ想像もしていなかった厚遇であった。勿論、敵国人への復讐だといって虐待に近い取り扱いをした例はいくらもあるが、[2]米国、濠州、新西蘭《ニュージーランド》、中国（特に共産勢力）、いずれの管理下にあった収容所においても、日本軍将兵は国際俘虜条約を前提とした寛大な処遇を受けることが多かった。捕虜たちは、こうした取り扱いに当惑することになる。人間対人間の土俵に引きずり出された時、ただでさえ〝日本人〟としての足場を失っていた彼らは、国家間で戦われている戦争での振る舞い方に関して何らの後ろ盾も持たなかった。人間として現れた敵との付き合い方を構築する場面で、日本人捕虜たちは大きな弱みを抱えていたのである。

軍医はニコニコ笑いかけてくるが、それを素直に受け入れることのできない私は、人間的に苦しかった。（森木勝『暁の蜂起』）

微笑を浮べた米國士官はあくまでも紳士的で溫かい。然し沈默を守る私は非紳士的である。私はそれをよく自覺してゐた。官位や姓名を明かすこと位は差支へないとは思ふが――さて何から切出して良いか、それが解らない。（『捕虜第一號』）

彼らは悩んだ。親切にしてくれる目の前の敵国人はたしかに有難い。いや、むしろ人間として尊敬したいくらいの者もある。しかし、この当座の小節をとって大義を忘れて良いものか……。しかるに、微笑みかけ、面倒をみてくれる者の好意に沈黙で応ずること、あくまで頑強に敵対する人間同士の関係を保つことは、和を乱さんとする日本人であればなおさら、難事であった。固く閉じていた彼らの心が、次第次第に開いてゆくことを押しとどめるだけのものは、すべての捕虜の内には備わっていなかったのである。捕虜となったことを責め続けた沖野も、いつしか自分の中で新たな生き方が芽生えてくるのを肯定するようになっていた。(3)

（筆者注：捕虜となった自分は）万死に値するのである。然しこの情誼の厚さ、人間愛の發露、人間味の豊かさに接しては之に感じないわけにはいかない。自分も人間である。自分の人生觀として常に考へて居た圓滿な一個の凡人である。「己を知るものの爲に死す。」と云へば、自分は寧ろ中国人の爲、何應欽氏の爲に死すべきであるとさへ思ふ。俘虜となつた辯解であると云はば言へ、自分の信念宿志を解つて呉れる人だけ解つて呉れればもう満足だ、甘んじて情誼の結晶である此の特遇を受けやう。（『生ける屍の記』）

しかしながら、大義、親を滅すという言葉もある。大義の前の小義につくことは、やはり相応の危険を孕んでいた。私《わたくし》の世界に帰ることで死を宿命づけられた捕虜の軛《くびき》から解放された彼らは、そのことと引き換えに軍人たるの身分、日本人たるの地位からも距離を置いてしまった。それは死ぬことと以外に選択肢を持たされなかった彼らにとって一面ではやむを得ないことであったが、日本人の共同体にとっては甚だ不都合な傾向であった。沖野自身は利敵行為を控えていたものの、〝親切な敵国人〟を前に〝誠実なひとりの人間〟になってしまった者の多くは、たやすく敵の術策に嵌まっていった。[4] ケーリは淡白に語る。

裸で救われた彼らは、軍隊式とは逆の親切と友情でつき合うと、文化的にあげ足を取られた格好になった。そしてこの親切と友情にお返しするものは何もない以上、知っていることをそれに代えてよく教えてくれたのであった。（『よこ糸のない日本』）

すべての日本軍人がこのように容易に籠絡されていったわけではないが、組織的かつ科学的に準備され、管理された連合国側の取り調べによって日本軍の情報は容易く入手されて連合国軍の反攻作戦へと活用されていった。

これに対し、敵方の将兵はより頑強に抵抗している。彼らが日本人に比して高潔で立派だったと言いたいのではない。だが、彼らは戦争のやり方をよく知っていたし、形式や体面にこだわる日本人に比べて遥かに合理的に戦勝を追求していた。彼らは当然ながら情報戦に対して多大な関心を払い、捕虜になった場合の心得についてはあらかじめ教育・指導を徹底し、「何をいってはいけないか、何はいわなければならないか、どのようにしたら家族との連絡を取ることができるか、捕虜にはどんな権利と義務があるか」(『捕虜の文明史』)といったことをよく浸透させていたのである。「日本軍には捕虜はいかに取り扱われるべきか、ということについて、いささかの教育もなかった」(『捕虜　生きて虜囚の辱めを受けず』)という日本軍とは対照的であった。[5] 撃墜したB29のパイロットもまた、口を割らなかった。

調査は、参謀本部や航空総監部の参謀たちによって行なわれた。彼らに対する処遇はいたれりつくせりで、しかも調査はきわめてなごやかに行なわれていた。彼らは日本軍の処遇に感謝したであろうが、しかし、日本軍の欲するサイパン基地ないし航空群の作戦上の企図、作戦兵力配置等々、日本軍の航空作戦のため必要とする情報は、何一つ提供することはなかった。なかでも、その航空参謀ブラックス大佐のごときは、執拗な日本軍の調査にとうとう神経衰弱気味となって、陸軍病院に入院するにいたったが、それでも、当方の必要とする情報は提供しなかった。(同)

勿論、先に見たように、そもそも捕虜となる日本軍人が少なく、大半の者が敵に降ることよりも死を選んだことは忘れてはならない。戦後の論理に従えば、彼らは皆、冷静な思考を失って軍国思想の虜となって死んだか、或いは狂信的な軍国主義者たちとその殿堂たる軍隊組織によって死を強いられた犠牲者だということになるのであろうが、そのように斬って捨てるのは戦争の犠牲者に対して甚だ礼を欠くことになる。なぜなら、圧倒的な軍事力を誇る連合軍を前にも落ち着いて死を選んだ者は、我々が思うより遥かに多く存在したからだ。それは膨大な戦記の中に溢れている事実であるが、昭和十八年五月に玉砕したアッツ島で投身した軍医などは好例であろう。(アッツ島では三千名の守備隊の内、わずかに二十七名が捕虜となった。このとき、米艦船上で負傷兵の手術を行った軍医は、手術を無事に終えるや、ひとり海中に投身したという(『日本人捕虜』))。

さらに忘れてはならないのは、当時の日本人、それもリベラルな思想に触れ、ややもすれば当時の軍部に批判的であった人々とて、いざ出陣となれば一人前の兵士として恥ずかしくない働きがしたい、立派に務めを果したい、などと考えるのが一般的であったことである。

僕は歓呼の声に送られて出征したのですけれど、駅で汽車が出るとき、女房がぐっと、いちばん末の子を、三つぐらいだったか、これを差し上げてね。顔を見たらニコニコ笑って、可愛い手をふるんです、兵隊さんが征くというので——それで僕は思った、勇ましい兵隊でないにしても、この子のために、父親として恥ずかしくないだけのことはしてきてやろう、本気でそう思いましたものね――(『文藝春秋』昭和三十八年八月号　朝日新聞記者扇谷正造「捕虜　生きて虜囚の辱めを受けず」より)

正直なところその頃の私には「散って九段の桜花」なんてな一途なものはなかった。といっていいかげんにごまかして逃避してやれ、などという非国民的な心臓を持っていたわけでもない。

誰からとなく予備知識をふき込まれている軍隊に少なからぬ憂鬱を感じながら、何とかその苦しい生活をやり抜けてやろう―他人のやっていることが俺に出来ぬはずはない、といったところが、偽らざる私の日本人としての気持だった。(宮永次雄『沖縄俘虜記』)

こうしたことを思えば、捕虜となった日本人はまずその時点で異端(たとえそれが不本意な形であり自発的な投降ではなかった者を含むにせよ)であり、またそこから出た対敵協力者も、全体から見れば極めて特異な存在であったと言えなくもない。

だが、捕虜となった日本人の多くが自制心を失い、しばしば烏合の衆と化したことは争えない事実である。そうした傾向は既に戦中から始まっていたが、(6)戦後になると自ずから拍車がかかることになった。典型的な出来事は、階級秩序の崩壊であり、暴力支配の横行である。将校区画が明確に分離されていない収容所では元上官に対する暴行や復讐行為が頻々と発生した。(7)

「オウ。鬼山さんよう。島にいた時にゃ厄介になったねえ。」

とねめつけておいて、いきなり横っ面をひっぱたく。鳩が豆鉄砲を食ったような顔をしてる隊長を口口に、

「手前はなあ、部下が食うものも食わねえで腹へらしてる時、自分だけいいことしやがったなあ。」

「天皇陛下のためだなんぞと体裁のいいことをさんざんならべて部下に無理なことをさせてよう。手前が一番先に捕虜になるたあどういうわけだよう。」

「手前なんぞすりこ木で腹でも切ってくたばったらどうだ。」(略)

根は臆病で度胸のない癖に肩章をかさに着て空威張りしていただけの奴だから、だらしなくヘタヘタと叩頭したのは見られたざまじゃなかったです。(間中喜雄『PWドクター』)

作業隊の中でも民主主義が流行語になった。旧軍隊の組織を温存する必要はない、という意見も出始めた。(略)
ある夜、M大尉の天幕の灯火が突然消えた。誰かが、外から長い竿で、ローソクを払い落としたのだ。同時に天幕の四方の支柱が引き倒され、中にいたM大尉と乙副官の主計大尉、当番兵が天幕の下敷きになった。網にかかった魚のようにもがいているところへ、数十名の黒い影が一斉に飛びかかって、袋叩きにした。(本田忠尚『マレー捕虜記』)

（筆者注：暴力支配で横暴をきわめた勢力が米軍の介入で排除された後）暴力的でない人物が登場し、ここで初めて民主主義のストッケードができた。皆救われたような気がし一陽来福の感があった。暴力団がいなくなるとすぐ、安心してか勝手な事を言い正当の指令にも服さん者が出てきた。何んと日本人とは情けない民族だ。暴力でなければ御しがたいのか。（小松真一『虜人日記』）

JSPのように部隊の編制を保って投降した場合、階級秩序の崩壊はこれほどドラスティックではなく、(8)当初軍隊秩序を維持しようという努力がなされる場合が多かった。だが、これまでも何度か触れたように日本軍の将校は社会における階層や人間の力量を反映していなかったため、それまで背景としていた軍の威光を失うやたちまち指揮統御に問題をきたすことになった。(9)

勿論、連合軍側、すなわち日本軍管理の捕虜収容所における連合軍将兵がいつでも整然とよく団結和合していたわけではない。捕虜という困難な立場にあって、労働を免除された将校が兵の恨みを買うのは捕虜の常態ですらある。

士官は兵隊よりも一〇キロは重かっただろうし、彼らは靴を履き、制服を着て立っていたことだろう。何週間も雨の中で働かされた捕虜はといえば、たいてい裸足で、ふんどしか破れた半ズボンといういでたちだった。自分やとなりの人間がいつくたばってもおかしくない状況で、士官の姿はそれだけで腹に据えかねる存在だった。D軍の兵士は、「死んだものに別れの言葉を恭しく、謙虚に読み上げる」士官たちは、兵隊たちから「どれだけ苦々しく思われ、嫌われているのか、気づいているのだろうか」と家族への手紙に書いている。（ハンク・ネルソン『日本軍捕虜収容所の日々』）

しかしながら、彼らの収容所生活で階級秩序が根底から覆るようなことはほとんど見られなかったし、少なくとも自身の帰属する国家への敬意や同胞への愛情をかなぐり捨てるような全体的傾向が出てくることは稀だった。[10] また、各人の振るまいを見ても、祖国における自身の生き方を極力保とうと努力する者が多く、文化的な生活の維持に対する情熱には敵ながら眼を見張るものがある。

この点、最も顕著なのは彼らの宗教的結合である。苦境にあって共同体の求心力を支えたものの一つには宗教があったと言ってまず間違いないであろう。

キリスト教の宣教師や僧侶や尼僧が大勢入所していたが、その殆どが無慾恬淡とした心の美しい人人だった。私はカトリック教徒ではないが、こうした僧侶や尼僧たちが苦情一つ言わずに、常に泰然と己を持している立派な態度には、ほとほと敬服せずにはいられなかった。せっせと子供たちを教え、病人に看護の手を差しのべ、拘禁と不自然な生活から、ともすれば心神を消耗せんとする氣弱な人人の強い精神的な支柱となっていた。（『おかわいそうに』）

キャンプの中にはあらゆる宗教の信者がいた。日曜日にはキリスト教徒が禮拜する。（略）これはもっとも樂しく、人々の心を勇氣づけるものだった。全會衆が聲をそろえて讃美歌を歌う時の雰圍氣は感動的だった。（同）

日曜は休日だ。いつも集合場で簡素な礼拝が行われていた。ほとんどの連中は、突然、驚くほど信心深くなっていた。牧師がいないので、上級将校が聖書の祈りの言葉を読み、我々は賛美歌を歌う。（『英国人捕虜が見た大東亜戦争下の日本人』）

一方の日本人たちは、およそ宗教的な紐帯を備えていなかった。仏教も神道も、収容所内において一般に日本人の支えとはなっていなかったのである。

沖縄でとれた連中の話によると、はじめ収容所に入れられたとき、ある従軍牧師が日曜毎に集会を開いた。これに捕虜の多数が参会した。だがキリスト教に帰依するふりをしても捕虜としてなんら得るところもなく、特権もないことが次第に判ってくると、たちまちだれも寄りつかなくなってしまった。現金なものである。日本の兵隊の宗教的関心の平均値はまずこんな所なのだろう。（『ＰＷドクター』）

（筆者注：フェザーストン収容所）カトリックの一人を除き礼拝する者はいない。神道、仏教の礼拝堂建築を収容所が提案したところ、捕虜たちは辞退した。（『日本人捕虜』）

（筆者注：沖縄の収容所発行の新聞に「米人から観たP・W」というテーマ記事があり、米軍タフト中尉が寄稿した）数千人の人間が集っていながら、宗派のいかんを問わず週例月例あるいは定期的な礼拝が何も行われていないのに気がついて驚いた。（『沖縄俘虜記』）

こうした西洋人の宗教的性格[11]は、当時の日本人にも強い印象を残したようである。B級戦犯として獄窓にあった陸軍中将河村参郎は、ある日四人の英国婦人が獄舎と絞首台まで見物に来たことに憤激し、「アングロサクソンの海賊的性格が、今日の英國婦人の體内に流れて居り、ゼントルマンのお上品な服装に包まれた野獸的本能を見逃してはならぬ」（『十三階段を上る――戦犯処刑者の記録――』）とまで書いたが、彼は子息に宛てた遺書に次のようにも書き残していた。

西歐諸國があらゆる獸的野心の葛藤の歴史の中にも、或る中庸の精神があり、幾多の革命の中にも或る愛の精神が存するのは、幼時より日曜毎に集つて聽いた教会での説教が、自らの教養として、自らの行動を制約する、ある規範を體得してゐるからではなからうか。我が國で、このやうな宗教的修養は、果して何に求めやうとするであらう。三省すべき問題である。父はただ問題だけを投げて置く。（同）

かくして、階級秩序も民族の精神的紐帯も備えない日本人PWは、彼ら自身をして〝PW根性〟と呼ぶ自堕落な有様となっていった。日本人であること、否、まがりなりにも文明人であったことは忘れられ、すべては見果てぬ復員までの腰掛けとなり、あらゆる倫理観、道徳的反省、ことに民族の運命に対する責任感は、終戦を境に大っぴらに捨て去られることになった。

（筆者注：監視兵と物々交換が流行った際）彼が考えついたのが日の丸の旗を作り、それに自分で寄せ書きして煙草と交換することだった。どこで手に入れたのか白布に赤インク、それに墨汁までそろえて旗作りにはげんだ。できあがった旗に「お前も寄せ書きしてくれ」という。

「栄さんよ、冗談もいい加減にしないか。負けても国旗に侮辱を加えるなんて非常識きわまる。そんなことはやめて下さいよ」と抗議するが、彼はせせら笑い。

「負けてしまったんだぞ。日の丸もくそもあるか。寄せ書きでもごらんのとおり、豪兵の悪口だけしか書いてねえんだ」と取りあわない。（略）

「日本人としての誇りはどうした？　あんたは日本人の魂まで売る気かっ」

と血相をかえてつめよった。鈴木上曹もこれには辟易したらしく、

「志願兵は石頭で困る」と捨てぜりふを吐いた。（大槻巌『ソロモン収容所』）

盗みをし、作業を怠けるという行動にあらわれるＰ・Ｗの投げやりでやけっぱちな個人主義的態度にわたしは暗い気がした。みな二十年代の若い人ばかりだから、そういう気持の落ちゆく先が気にかかった。一人一人ではそれぞれよさを示すのだが、大きな集団になるとバラバラで、自分だけよければ、ひとの迷惑などは知った事ではないというのが多かった。
（『沖縄俘虜記』）

敗戦の身に階級の区別はないといえばそれまでだが、現に米軍も将校と兵の捕虜とは区別して扱っている。階級章はむしり取られても、その襟章の背後にあった将校としての地位、能力、人間的訓練の程度というものまでが無視されてよいわけはないのだ。敗けた身には恥も外聞もあるのかといった捨て鉢な気でいてよいものか。

こんなことを思いながら、その日の午後、将校中隊の広場を歩いてみた。破れたシャツや汚れたパンツをはいて、思わず振り返ってみるようなおかしな恰好をした将校がいる。洗濯石鹸まで支給されているのになぜこんなあさましい恰好をしているのだろう。今では当番の兵もいないし、誰もそんな事はやってはくれぬが、それならそれなりに身だしなみの仕方もあろうものを。米兵の真似をして妙な帽子を作って、気取っているのがある。真っ赤な越中フンドシ一つでのし歩いているのがある。Ｇ・Ｉが見て笑っている。（略）米軍からいろいろ支給されたものは内地へ帰れるわけでもないのに、大切にしまい込んでこのような情ない恰好をしているのである。知人の将校を幕舎に訪ねてみると、口を開けば飯の不平である。

（略）そして内地へ帰っても、われわれ職業軍人はどうして行こうかと、いまから臆病な悲鳴である。（『ＰＷの手帳』）

もっとも、

今日も亦、人の長たる悲しみを
　夕べとともに噛みしめてあり（『マレー捕虜記』より）

と詠んだ者があったように、こうした収容所生活で将校たちに課せられた責務は、ひとり個人の立場を思うとき、同情を禁じ得ないものがある。捕虜となって自暴自棄に陥る兵隊を前に、また、敗戦で捨て鉢になる者たちを前に、一個の統率者として彼らが担うべき役割は余りにも過大なものであったといえよう。裸一貫となった彼らに許されたのは、我が身を賭けて語りかけるくらいのものであった。米本土ウィスコンシンの収容所での出来事である。

「肚を据ゑて皆私の言ふ事を聞け……。昨夜キャンプ内に暴行事件が起つた。然し之は、昨日に始つた事ではない。男ばかりの共同生活、時には不平もあらう、人も殴りたくなるであらう。然し、出来れば丸く行きたいものだ。私は何時もさう思つてゐる。それが皆には何故解らないのか……。」

「私はミッドウエーで捕虜となつた。全く士官の面汚しだ。或は皆に命令する權利はないかも知れない。然し、軍法会議に依つて位階を剝奪されない以上、まだ私には軍人としての義務が殘つてゐる。殘された義務―それはキャンプ内の先任者として、日本軍人らしい共同生活を保ち、米軍の司令官に笑はれない様にする事である。私は皆に命令はしない。たゞ私は皆に、軍人としての自覺を訴へるだけである……。」

彼は當に落涙せんばかりで訓示を続けた。

「最後に一言、卑怯者の私も、最近に至り遂に肚を定めた。今後キャンプ内に再びこの様な事件が起つた時は、海軍大尉梶本秀雄は、もはやこの世から姿を消すものと思へ……。」（『捕虜第一號』）

マレー方面に目を向ければ、約十一万人の日本軍将兵が英軍の命令の下レムパン島に収容されたが、ここは第一次大戦時にドイツ人三千名が上げられ、自然の脅威を前に遂に全滅したという死の島、マラリア猖獗の地であり、英字紙にも〝Dead Island〟と記載されていた。レムパン島で戦後もなお飢餓地獄を味わわされた日本軍将兵は、これに〝恋飯島〟と当て字しつつ全力を挙げて開拓に取り組んだが、ここではかなりの程度、軍の形が保たれていたようである。しかるに、この地獄島で軍を軍として成り立たせていたもの、共同で事に当たるための精神的土壌を用意したものは、ここでもやはり個人の英雄的な努力であり、かろうじて保たれた日本人一行による集団行動の蔭には、率先して身を擲つ男たちの姿があったのである。(12)

そしてこうした健気な献身も、大半の収容所において日本人捕虜の行動をまとめてゆくだけの力は持ち得なかった。日の丸に背を向けた日本人の手に秩序を取り戻すことは、ひとりひとりの個人が太刀打ち出来る相手では到底なかった。彼らの姿は美しくも、民族の運命を前にしてあまりにもか弱い美しさに過ぎなかった。

（筆者注：軍律による外部からの求心的な力と、個人的な行動の遠心力とを調停するものは）「實踐」以外の何者でもなかった。人々は苦難の作業に於て又日々の食糧の問題に於て、實踐によつて之を解決して行つた。そしてこの事は、然らざる環境に於ける場合よりも、遙かに多くの困難性が、その各人の、「實踐」と「實踐」との間に醸しされた。（略）

農耕に関しては、専門知識の所有者無く、幾多の失敗を重ね人々は自棄的態度となつたが、N中尉は黙々として作物の生育状況を觀察研究して行つた。東天はほの白く明けそめる朝まだき、或は夕暮迫る畠の一隅に、ぢつとうづくまる彼の姿を人々は度々見る事が出来た。彼の熱意は遂に人糞桶に指を差入れて、その濃度を舌端でテストする域に達した。それは命令や衒氣では出來る事ではなかつた。（日比野清次『レムパンの星』）

（1）連合軍は、1942年9月19日の南西太平洋地域総司令部（GHQ／SWPA）による指令で同総司令部（メルボルン）に連合国翻訳通訳部（Allied Translator and Interpreter Section, ATIS）を設置し、日本軍の鹵獲資料分析や捕虜尋問を実施した。とりわけ米軍は早くから日本語学校で日系人を中心とした語学要員を養成して効果的な情報活動を行い、多大な成果をあげることになった。戦後に戦犯として処刑された河村参郎陸軍中将は、次のように述べる。

「調査主任の米軍少尉の日本語は相當なものである。米國の東洋講座で勉強した由、日本では開戰以來、外語ことに英語の學習を輕視したのに、却つて米國では熱心にやつた點にも、空虚な觀念論と実利主義との差が見られる」(『十三階段を上る──戦犯処刑者の記録──』)

(2)酒巻和男も、ハワイでの収容所生活では連日苛酷な取り扱いがあったことを示唆している。

(3)こうした新たな生き方を、インタニー(抑留日系人)から学ぶこともあった。酒巻は、捕虜となった以上は尊敬される立派な人間として節度と秩序ある収容所生活を送らねばならないと訴え、新参の捕虜達を指導引率することに取り組んだ。

「インタニーに親しく接し、彼等と共に學び共に暮すフォリスト・キャンプに於て、私は明確にその變化を認めた。彼等のアメリカ人的な考へ方と生活に觸れて、私は自分の反省を餘儀なくされたのである。卽ちはつきりとなつて來た人生に對する私の覺醒は、鋭い刄となつて私の胸の中へ深くゑぐり込んで來たのである。それは單に私のみならず、私の過去卽ち今迄の日本が持つてゐた考へに対する、鋭い批判の鉾先となつて私の心の中へ深く斬り込んで來たものである。それは又、日本獨特のイデオロギーやミリタリズムに對する、鋭い再檢討のメスであるとも言へよう。(略)秩序と自由を護るやうに生れついたアメリカ人達の、唇に歌を持つた生活や動作が、チラチラと私の眼底を掠めるやうになつた。時々私はそれを、捕虜になつての再生と呼んだのであるが、私の生の肯定は、その時明確となつたのである」(『捕虜第一號』)

(4)次のようなことも顧慮されねばならないだろう。

「日本の俘虜の前途は今まであまりにも暗すぎたのではなかろうか?……前途に一縷の光明をも見出せない。結局これで正道を踏み外す結果になり易い。そのため反戦同盟に加入したり、あるいは敵国に就職したりする者が出て来るのである」(山田信治『捕われし参謀』)

(5)元阪神タイガースの松木謙治郎は、米本土で捕虜を経験した日本兵が沖縄に移送された当時を次のように振り返る。

「この捕虜連隊に、勇ましいのが三、四十名はいってきた。これらのものは、なんと硫黄島の生きのこりである。全員玉砕ときいていたが、わずかにのこったものが捕虜となり、米本国のテキサス収容所にいたとのことであった。水の不自由な硫黄島の激戦に耐えてきたのには頭がさがった。これらの男たちが、米兵に食糧の不足をかけあってやるといいだした。テキサスではドイツ兵やイタリア兵といっしょに暮らしたので、捕虜慣れし、不満なことは要求する権利があると、すごい鼻いきである。連隊長もこの本場の先輩には一目おいてすぐ米軍へ交渉したところ、計算違いをしていたといって急に増量された。そのうえいままでの不足分まで配給されたので、こんどはとても食べきれないほどだった」(『松木一等兵の沖縄捕虜記』)

(6)十八歳で日本海海戦に参加して以来四十年という軍歴を持ち、軍艦「古鷹」の運用長として捕虜になった松本少佐は言う。昭和十九年四月頃のことであった。

「ゼネヴァ條約に依つて兵は作業に出ることになつとる。今此方で食ふ野菜を作る農園と、近所の松林の下枝を払う清掃作業をやつてゐる。これが一日八十仙貰へるのぢや。ところが下士官は作業をやらんから毎月三弗貰ふだけで、そこに經濟上のトラブルが生じる。下士官の中には金の役目をするキューポ欲しさに兵のパンツまで洗ふ者がゐるし、兵隊の方では自分等が皆を食はせてゐるやうな積りでゐる者がある。中には斯うなつたら階級なんかなしに、年齢順に等級を定めたり強い者勝ちなんて言ひ出す馬鹿野郎がゐる位なんぢや……。」（『捕虜第一號』）

また、ハワイのスコフィルド収容所では、二千数百人の捕虜が民主主義派と皇軍絶対派に分かれて乱闘、殴る蹴るの大騒ぎを起こした。前者は若い者が多く、頭の髪は伸ばし、後者は丸坊主に白鉢巻という出立ちだったという。（『捕虜　生きて虜囚の辱めを受けず』）

（7）こうした行為は復員の日まで続き、復員船上においても元下士官兵からの襲撃が相次いだ。

（8）「そのうち宮古島から、戦闘の経験がなく、終戦のため投降した大部隊がこの収容所にきたことでおさまった。各自ばらばらの捕虜連隊とちがい、部隊長の命令ですべてが左右されるこの部隊には彼ら（筆者注：復讐行為を働いていた朝鮮人軍属）も恐れいった」（『松木一等兵の沖縄捕虜記』）

（9）小野山タイムスという壁新聞で『宮古島の記』を連載し、戦中の将校の振る舞いを批判していた宮永には、「叱りながら、心の中で泣いていた上官のあったことをどうして見ないのか。そうした人人がこの柵内にいることを知らないのか。善とか悪とかは、誰が何を根拠に定め得るのか」（『沖縄俘虜記』）という投書があったという。将校には将校の苦しみがあったことは当然であるし、そこで出来うる限りの努力を傾けた者があることも否定しない。しかしながら、国軍の運営における将校層の欠陥や能力不足が個人の努力や善意によって見逃されてはならない。

（10）「ジャップは、食料を減らすことで、病人の数を減らそうとした。病人に支給される食料は作業する人間の三分の二だけで、やつらは病人の数に応じて、食料を減らした。だが我々はみんなに同じ量を分配することで、病人の栄養不足を克服した。作業している捕虜も十分な量を食べているわけではないが、好きこのんで病気になったわけでもないのに、病人が罰則を科されるのを放っておくわけにはいかない。（略）もちろん、仮病で休むやつもたくさんいた。作業に出ている連中は、そんなやつらを軽蔑した。仮病で休むやつが増えると、本当の病人まで疑われて休みにくくなってしまうからだ」（『英国人捕虜が見た大東亜戦争下の日本人』）

（11）オーティス・ケーリは、「ヒューマニズム、リベラリズム、そしてそれを支えるキリスト教（特にプロテスタンティズム）という言葉は、戦後使われすぎてよごれてしまってはいるが、その根底にあるものは、一人一人の個人の尊厳は神の前に人間はみな平等に創造されたのだという信念」（『よこ糸のない日本』）こそ米国人の基調をなすものだと書いている。

（12）彼らの捨て身の努力は島の秩序を守るかすがいとなり、集団の力を発揮せしめる原動力となった。

「軍隊なぞもう無いのぢやないか。作業の割當が不公平だ。こんなバカなことがあるかといつた聲が澎湃として人々の間に浸潤して行つた。これに對して上級者や隊長の間には、敬禮がだらしがない。命令を遵奉しない。自由主義の履違ひだといふ非難が生じた。だが、それらの紛議の一切を超越して、事實は依然として軍隊としての建制を保持し、命令服從の形態が持續された。そしてそれは稍々もすれば、無秩序の集合と化し易い島の各隊を兎にも角にも團結せしめて、強行作業を繼續せしめた外的基盤となつた」（『レムパンの星』）

四 ―― 文脈の中に生きる

日本の陸海軍兵士は目ざましい成功を残し、その軍規は優秀である。然し闘ひは激しく、益〃長引くもののやうである。重要な戦略的優勢を誇る國と、經濟資源の豐富と人的豫備軍の無限大を誇る國との衝突であるが、結局は國民的戰鬪精神と自己犧牲意志とがすべてを決するであらう。

（マライ軍インド第三軍司令官英國陸軍中將ヒース／『大東亜戰爭　敵俘虜の手記』より、傍点筆者）

戦争は国家間、そして民族間の闘争である。平和や相互理解を求めるのは構わないが、現に戦争は存在し、そこでは国家や民族が基本単位となって互いに武を競うのだという事実は認めなければならない。戦争に敗れた捕虜たちは、こうした戦争の意味、異なる文化／文明衝突のフロントラインに立たされる現実を身に染みて経験していた。彼らは国家や民族の一員として扱われ、またそこに連座する者として裁かれていったのである。

米国は敗戦日本にとって例外的に寛容な国であったが、英国の捕虜管理は多分に復仇的な色彩を帯びていた。「自分は、三年六ヶ月、日本軍の捕虜となり、この収容所で生活した。お前たちには、自分たちがしたのと同じことをやってもらう」（『マレー捕虜記』）という一英軍中尉の言が示すように、英国は日本軍将兵を〝人道に対する罪〟で処刑しながら、自ら同じことを、いや、日本軍もやらなかったようなことをするのに躊躇はなかった。(1)

簡易便所で用をすませた英兵が、ひとりの日本兵に対し、その跡を掃除せよと命じた。そこで清掃用具を貸してくれというと、手でやれといった。しかもその手を洗わせず、立ったまま昼食をとることを強制したという。帰って、それを報告する兵は口惜し涙をこぼした。まだ二十歳になるやならずの現地召集の初年兵だった。また、ある英兵は、コーヒーを御馳走するといい、その中にタンを吐き、それを飲めと命じたという。（同）

あそこには〝毛ガニ〟がたくさんいます。うまい奴です。それをとって食べたのです。あなたもあのカニがアミーバ赤痢の巣だということを知っていますね。あの中洲は潮がさしてくると全部水に没し、一尺ぐらいの深さになります。みんな背嚢を頭にのせて潮がひくまで何時間もしゃがんでいるのです。そんなところですから、もちろん薪の材料はありません。（筆者注：飢えていた捕虜たちはやむなく）みんな生のままたべました。英軍はカニには病原菌がいるから生食いしてはいけないという命令を出していました。兵隊たちも食べては危険なことは知っていたでしょう。でも食べないではいられなかったのです。そしてみんな赤痢にやられ、血便を出し血へどをはいて死にました。水を呑みに行って力つき、水の中へうつぶして死ぬ、あの例の死に方です。看視のイギリス兵はみんなが死に絶えるまで、岸から双眼鏡で毎日観測していました。全部死んだのを見とどけて、『日本兵は衛生観念不足で、自制心も乏しく、英軍のたび重なる警告にもかかわらず、生ガニを捕食し、疫病にかかって全滅した。まことに遺憾である』と上司に報告したそうです。(『アーロン収容所』)

戦後京都大学で歴史学（西洋）の教授を務めた会田雄次は、「万万が一、ふたたび英国と戦うことがあったら、女でも子どもでも、赤ん坊でも、哀願しようが、泣こうが、一寸きざみ五分きざみ切りきざんでやる」（同）と考えるほどにまで英国を憎んだが、彼に言わせれば英国人は日本人のように殴る蹴るといった手段はとらず、彼らの執拗に、また周到に相手をいたぶる猫のような残酷さの中には「屠殺者の冷静」が見られた。それは激情に駆られた復讐ではなく、有色人種に対する徹底的な軽蔑感から出た自然な振る舞いであったのだという。典型的な例は、砂の混じった劣悪な米に抗議した日本側代表に対して英軍が出した、「日本軍に支給している米は、当ビルマにおいて、家畜飼料として使用し、なんら害なきものである」との回答であり、またそれは嫌がらせですらなく、「英軍の担当者は真面目に不審そうに、そして真剣に」答えたことであった。彼らの日本人捕虜に対する〝家畜視〟は次のような場面にも窺える。

その日、私は部屋に入り掃除をしようとしておどろいた。一人の女が全裸で鏡の前に立って髪をすいていたからである。ドアの音にうしろをふりむいたが、日本兵であることを知るとそのまま何事もなかったようにまた髪をくしけずりはじめた。部屋には二、三の女がいて、寝台に横になりながら『ライフ』か何かを読んでいる。なんの変化もおこらない。（同）

婦人将校が飛行場で尿意を催したが、近くにトイレがない。その場にしゃがんで用を足した。回り（ママ）には草刈りの日本兵がいた。同僚の男の将校が見かねて、たしなめると彼女は平然としていった。

「犬や馬の前で何をしようと、ちっとも恥ずかしいことなんかないわ」（『マレー捕虜記』）

日本という国から放り出され、見捨てられたと感じた日本人捕虜も、日本人であること、また有色人種であること、そして、敗戦の国民であるという文脈からは逃れられなかった。(2) ソロモン地区を転戦した海軍志願兵の大槻巌は機知と侠気で苛酷な戦場を生き抜いてきたが、武装解除された後のみじめさをこう書き残している。

ダダンと不気味な銃声、着剣した護送兵らは銃をむけ、「レッツゴー、ハバハバ」と怒号し、追いたてる。見物中の豪兵らは追いたてられる敗残の兵たちに石礫の雨を浴びせ、逃げまどう哀れな敗兵たちをおもしろがって嘲笑している。傷病兵たちもいっしょくたであり、これが敗戦の実体なのかと無念このうえない。（『ソロモン収容所』）

このことに対応して注目すべきは、米軍相手であれ中共相手であれ、対敵協力を行った者がいかに高尚な理想を説いてみたところで、彼らは総じてこうした文脈から自由でいられるものだと早合点したことである。元朝日新聞記者の横田正平は、オーティス・ケーリが組織した対日宣伝組織に加入するが、彼はグアムで自主的に投降するのに先立って認識票と印鑑を土に埋めている。そのときの感慨を「兵隊としてのおれは、あるいは、日本人としてのおれは、ここに埋まるのだと思いながら」（『玉砕しなかった兵士の手記』）と言い、日本軍陣地から脱走する際の様子を、「そこからは一気に走った。追いたてられるように、走った。三十二年のあいだ僕を束縛していた羈絆をふりきって、自分の求める世界へまっしぐらに走った」（傍点筆者）と書いているが、〝三十二年〟という言葉が示しているとおり、それは彼が生きて来た人生そのもの、彼を育て形作ったもの、彼の思考を支え、彼が呼吸を合わせてきた世界そのものを棄てようとしたのである。それは果たして、日本人としての彼の死のみに留まったのであろうか。

横田も参加した終戦工作のためのグループは、ハワイに居た五千人の捕虜の内でわずかに三十人程に過ぎなかったが、彼らは別に設けられたキャンプで同胞の迫害から守られながらケーリの下で連合軍の為に働いた。あるときその一人が捕虜憲法なるものを起草する。そこには彼らの立場を正当化するための理想と、それを根拠づける為の祖国日本への愛情が表明されていた。

鉄柵の中にあってわれわれは悶えた。戦争を早くおわらすために、今、われわれができることは、米軍を介するほかに途のないことを悟った。アメリカの戦争目的と軍事行動のすべてが、われわれの考えと必ずしも一致するわけではない。だが、それに頼るほかに方法はないのだ。われわれのやみがたい祖国愛を、米軍の作戦と宣伝戦を通じて、少したりとも発露しようと決心した。戦争がおわり、日本が輝かしい将来にむかって再出発するとき、われわれも祖国にあって勇敢に進むことを誓おう（『捕虜　生きて虜囚の辱めを受けず』）

だが、シベリアでもそうであったように、彼らの協力した相手は目下敵対する勢力であり、その協力は都合良く利用されるのがオチであった。彼らの信望を集めたケーリとて、一個の善良な人間であるとともに、否、戦争の最中ではそれにもまして、一人の米国人であった。無力な捕虜が所詮は思いつきに過ぎない理想、すなわち状況と個人的経験に依拠した理想のためといって圧倒的に有利な立場にある敵方と〝国の違いを超えて〟共同できるなどというのは、厳しいことを言うようだが、裏切り者のご都合主義に過ぎなかったのである。

別の例にあたってみよう。日米開戦前に搭乗機の不時着で国民党勢力の捕虜となった航空参謀山田信治は、終戦に至るまで同胞捕虜とよく一致団結し、頑強な抵抗をやり通した希有な存在であるが、彼が出会った東大出の外交官塩見という男は敵の手下として働いていた。彼もまた、「私も日本人ですから、日本のことを一日も忘れたことはありません。しかし私は戦争が終っても日本へは帰れません。こちらで姑娘（中国娘）でももらって中国で暮らすつもりです」（『捕われし参謀』）と言うように、日本人であることは意識しながらも、やはり祖国や民族との断絶を抱えていた。日本の敗北を願う彼に、山田参謀は訥々と語りかけた。

「それは君の自由かも知れない。ただ戦争中だということだけは忘れないでくれ。日本が敗けた方がいいというような考えはよくない。君がもし心境の変化によって共産主義に徹底し、日本革命でも志すならなお更立派な日本人であることが絶対条件だよ。そして日本が勝った有利な環境でやらぬと、国民を不幸のどん底に叩き込む結果になる。（略）中共を見給え。今まで死闘を続けてきた蔣政権に協力して外敵に当っている。戦捷あっての革命だよ。これが本当の民族革命だと思う。日本反戦同盟なんか生活のためと思うが、中国人は心でなんと思っているか知らないが、黙って利用しているのだと私は確信している。」（同）

実際、中国で活動していた日本人による反日組織は、どこでも評判の悪いものであった。山西省で教育行政顧問を務めていた鈴木伝三郎は、鉄路で移動中に虜となるが、襲撃で己が家族を殺した八路軍のことを隅には置けぬと称賛する一方[3]、彼らに協力する日本人（日本人民解放同盟）には反感を覚えていた。

彼等の戦争反対の意図はよく解るのであるが、例えば昭和二〇年三月一〇日のあのトウキョウ大空襲の新聞を見て、「トウキョウが目茶目茶にやっつけられているが痛快だね」などと言って喜んで居る幹部に対してはどうにも好感が持てなかった。なるほど彼等の反戦理論からすれば東京をやっつける事は日本の抗戦力をたたきつぶすに力がある訳であり、抗戦力をたたきつぶさなければ軍閥が倒れないのだから、トウキョウの壊滅は日本軍閥の崩壊を早める結果になるには違いない。しかし、ものには表現法と言うものがある。東京に家族を持つ鮫島氏などの前で、それを端的に言うことは彼等の常識の健全性を疑わしめ、彼等に対する反感と侮蔑とを抱かせる以外に何等の効果もなかった。(『延安捕虜日記』)

また、中国人は割り切って物を考え、彼らに都合の悪い議論でも真剣に応ずる者が多かった。ある時山田は、何故日本は中国に侵略するのだと問われたので半ば投げやりに、「中国は弱いから撃たれるのだ」と答えた。相手を怒らせたかと心配したものの、彼らは「そうだ、そうだ。中国が弱いからだ」と淡々としているではないか。その他、彼らは現在苦境にあっても冷静な戦局の見通しを持っており、張三李四に至るまでその後の歴史通りの認識を備えていたのであった。(4) これればかりは、絶えざる戦乱を潜り抜けてきた大陸民族の面目躍如といえよう。

日米開戦の報が流れた際は、次のように言って山田たちを驚かせている。

山田さん！　とうとう始めましたね。日本の海軍大勝利、戦艦も沈めましたね。……大変な戦果です。貴方達大いに祝っていいです。私たちも今日は中国の勝利が約束された記念日です、市内で爆竹を鳴らしているのもそのお祝いです。(同)

こうした性格を持つ中国人にかかれば、反日組織の日本人など取るに足らない走狗であったろう。山田は反戦同盟のパンフレットを持ってきた黄中尉に、この連中は漢奸(中国人の敵、主に対日協力者を指した)と同じだと言って拒絶したが、中尉は自分たちの協力者である日本人連中を、「そうです。悪い人達です。漢奸一様《イーヤン》です」と言ってのけた。山田参謀は、「日本人なら自分に協力さえすれば、この上もないいい人間と考えるに違いない」といってこれに感心した。

たしかに、捕虜という弱い立場の者にとって日和見主義や事大主義は一面では避けがたいのかもしれない。しかし、改めて言うまでもないが、日本内地においても一億総国民挙げての無様な転回が起こっていたことを思えば、捕虜に見られた節操の欠如や無定見は、日本人に一定程度まで特徴的なものと思わざるを得まい。

然るに内地では、街を走るジープや女連れで闊歩する占領軍に眼をつぶりさえすれば彼らに関わらずとも生活出来たが、収容所では違った。彼らの目の前には異文化を象徴する異邦人としての連合軍将兵が厳然と存在したのであり、敗戦後にそれまでの国家や歴史の文脈にいち早く見切りをつけて新たな秩序に颯爽と転身を図った日本人に冷や水を浴びせたのは、まさしくこのかつて敵対した外国人たちであった。

一例を挙げよう。日本側作業指揮官が英軍将校に「日本が戦争をおこしたのは申しわけないことであった。これからは仲よくしたい」と挨拶すると、ハーバードを出たという彼（日本兵にも紳士的だった）は、憮然として答えた。彼は日本人が棄てた大日本帝国や日本軍という過去を彼自身の内に当然に存続させ、英国人として背負った文脈の中に敵のための席を用意し続けていた。不完全な国の不完全な国民として開戦までに用意できた己のすべてを賭けてぶつかった者同士の記憶を共有しようとしない目の前の日本人は、彼にとって我慢ならない軽薄人種に映ったのである。

「君は奴隷か、奴隷だったのか」
「われわれはわれわれの祖国の行動を正しいと思って戦った。君たちも自分の国を正しいと思って戦ったのだろう。負けたらすぐ悪かったと本当に思うほどその信念はたよりなかったのか。それともただ主人の命令だったから悪いと知りつつ戦ったのか。負けたらすぐ勝者のご機嫌をとるのか。そういう人は奴隷であってサムライではない。われわれは多くの戦友をこのビルマ戦線で失った。私はかれらが奴隷と戦って死んだとは思いたくない。私たちは日本のサムライたちと戦って勝ったことを誇りとしているのだ。そういう情けないことは言ってくれるな」（『アーロン収容所』）

日本人の中にも反省的態度が無かったわけではない。国を憎み、軍を誹謗し、上官を罵ることがどういうことを意味するのであるか。それらが彼らの由って来たるものであり、彼ら自身の手で同胞とともに作り上げたものであり、また同胞自身、否、自分自身であることに突き当たる瞬間が訪れたのである。

私は私自身の心の中に、へんに矛盾したものを見出すのであった。それは、私自身が直接にぶつかったいやな上官の事だったら一緒になって油をそそぐのであるが、関係のないよその話の中に、あまりにも強く日本軍隊の旧悪や無統制を暴露されると、何だか冷たい淋しさを覚えることだった。(『沖縄俘虜記』)

自ら気付けぬ者には、現実から容赦のない復讐が始まった。中国において対敵協力者が結局はいいように使われていた如く、対米協力者の行く末も、つまるところ自らの文脈に復讐されることになる。横田が信念の下に協調を目指した米軍将校も、横田の頭に願ったような都合の良いヒューマニストではなかった。矛を交える日本人と米国人は、少なくともその時点において人類の等しき兄弟ではなかったのである。

煙草の配給に回ってきた将校に直接頼んだ。そのとき、ちょうどケリー中尉もいっしょにいた。僕の頼みを聞くと、配給将校に向かいケリー中尉は英語で何かいった。「……be careful」という言葉だけを耳にはさんだ。注意したほうがいいとでもいったのだろうかと思った。（略）不信を持たれていることにたいする憤懣を覚えた。徹底した思慮のもとに捕虜を選び、堅実に歩いてゆこうとしている自分が、まだ昔の殻にくらいついてがつがつしている人間と同様に不信をもって扱われたことが面白くなかった。（『玉砕しなかった兵士の手記』）

こうした違和や立場の相違は些細な疑念に留まらず、決定的な瓦解にまで至ることになった。米国の温情に触れ、真の愛国者としての責務に〝目覚めた〟彼らの理想は、横田が颯爽と脱ぎ捨てた〝三十二年〟、すなわち、彼らの背後に存在していた国家や民族の重みにより、終戦を間近に控えてあっさりと突き崩されることになったのである。(5)

こうした反戦捕虜たちも分裂するときがきた。その離反はラジオ班からはじまった。

夜ふけて、東京からの海外放送は、愛国行進曲にのってやってくる。アナウンサーが高い調子で本土決戦を叫びつづける。それは、彼らが捕虜になってはじめてきく闘う祖国の「生の声」であった。それをきく人々の顔は、しだいに硬くきびしく変わっていった。祖国の同胞たちは、米軍を本土にむかえて戦おうとしている。であるのに、自分たちは、ここで、ぬくぬくと敵からあたえられる飯を食い、おまけに同胞たちに投降を呼びかけさえしている。いったいこの自分は何なのか。

こうして、彼らの内にも「闘魂」がふたたび頭をもたげはじめた。日本人なら誰でも当然におこす本能的な反応であった。

日本人に回帰することに目ざめた、このラジオ室には、かくて夜ごとに集まるものがふえ、祖国の愛国行進曲に身をふるわせた。ケーリにだまされたという連中もあり、彼にこの収容所から出してほしいと申し出るものも現われた。こうして、その分裂を決定的にしたのが広島の原爆投下のニュースであった。彼らは泣きわめいた。

「ひどいじゃないか、こんな爆弾を落としやがって、そんな国にオレたちはだまされて、使われていたんだ」

かくて日本人であることを取りもどした人々は、なお、アメリカに協力しようとする数人を除いて、バラバラにこわれてしまった。(『捕虜 生きて虜囚の辱めを受けず』)

これとは対照的に、先にも引いた山田信治航空参謀はあくまで初志を貫徹せんと苦労を重ねていた。ややもすれば崩れそうになる団結の維持に取り組み、中国人との対話の中で日本への反省的思考を重ねながらも、国家間の戦争遂行の最中に捕虜となった以上は自律的秩序の維持が優先されるとの信念の下、時に方便で嘘を交えながら囚われた同胞を励まし、中国側の懐柔政策に抵抗を続けた。(6)

そうして昭和十九年、重慶収容所長の趨は山田たちの前で自身の真情を明かした。そこには、お互いの立場の違いを思いながらも、目の前の敵国人に対する敬意と愛情が含まれていた。国家や民族を背負って戦う者同士の緊張は、現実世界の矛盾や不条理を超えた真率な相互理解と人間愛とを育んでいたのである。

現実から最後に祝福を受け、敗北の運命の中にもかすかな勝利に近づいていたのは、日本人としての文脈を背負って戦争を耐え抜いた、頑固で一途な男たちであった。

「私は今日まで多数の日本人に接して来ました。その中で貴方達だけが、一番日本人らしい日本人だと感じております。これは何も貴方達の御機嫌取りに言っているのではありません。しかし今からいう私の言葉をよく聞いて下さい。」（略）

「貴方達が今の方針で進むとすれば、私の方も国で支出される極く少ない金額の給養しか出来ません。その待遇に耐えられますか？　またこれから先き、どんなひどい待遇になるかわかりません。それに耐えられるでしょうか？　それに若し耐えることが出来れば貴方達の行動は全く立派です。これに耐えることが出来ず、物質的待遇を要求するなら、それは望んでも難しい。いや不可能なことです。その人達は自分で働いて求めるより仕方ありません。耐え得る人はどこまでも立派に頑張りとおして下さい。私は個人的にはそれを願っているものです。これから先はどうかその決心でいて下さい。主義が一貫することを祈ります」[7]（『捕われし参謀』）

（1）濠州の収容所では日本人捕虜も一般に厚遇を受けていたが、ソロモン地区の濠軍は日本軍捕虜を劣悪な環境で管理し、多数の死者を出した。
「移駐後十日、二十日と経つと、体力の衰えが激減するのと並行してマラリア患者が大発生した。たちまち病舎は満杯となり、一般宿舎にも患者がごろごろ、死者続出。隣の兵が寝ているものとばかり思っていたら、死んで口や鼻に白いものがむくむくうごめいている。よくよく気をつけてみると、蛆の大群がひしめいているのだ。『臭いと思ったら死んでやがる』『表へ運び出せ』と急いで裏側へ。二、三時間も放置しておくと、死体はゴム毬のようにふくれあがってしまう。こうなると屍臭も感じなくなるほど神経も麻痺してくる。人間も魚も同じように腐った臭いである」(『ソロモン収容所』)

(2)有色人種としての地位は、次のような場面にもよく表れている。

「一般にインド兵は、どこでも日本兵に好意を示した。ドック作業で知合いになったインド兵は、鉄砲を貸してやるから、もう一度イギリスとやれ、などといった。また『今は銃を日本軍へ向けているが、いずれ英軍へ向ける時がくる』というのもいた。日本兵に『マスター』と呼びかけるものもいる」(『マレー捕虜記』)

(3)「灰色の綿服を着てゲートルに支那靴、綿の防寒帽、弾帯を肩から斜めにかけ、一挺の銃を肩にひっかけて身軽に山路を駆けて行く。彼等はだいたい二〇歳前後の青年ばかりだ。日に焼けた顔、鋭い目付、いかにも国難に身をもって当たると言うような面魂だ。ああ、どうしてこれが匪賊と言えよう。私はこの精悍な青年部隊のキビキビした行動を目のあたりに見て、中共軍と言うものはこれは見直さなければならぬと思うようになった」(『延安捕虜日記』)

(4)「米国の工業力大きいだろう。……軍艦一度にたくさん出来るよ。準備が出来上がってから、ゆっくり反攻して来る。日本は人的、物的資源が少ない。持久戦になれば日本は参るよ。それに米国の飛行機は中国を基地にして日本内地の空襲も出来る。日本の家木造だから燃え易い、空襲に弱い。……日本必ず負ける。馬鹿なことをした。日本人の腹切だよ。日本の自殺行為だね」(『捕われし参謀』)

(5)横田は当初より反軍的であり、その軍務への動機付けを心酔できる上官に求めていた。そのこと自体は理解出来るし、むしろ責任を果すための努力として捉えたい。しかしながら、彼の求め方は、自らが伝令事項を失念したことに対し、それまで信頼していた曹長から「兵長の資格などないぞ」と言われた際、「曹長ぶった、刺のある言葉」であるとして失望する、といった風であり、些か幼稚である。彼はまた、「相手がソ連であれば、捕虜は恥ずべきものではない。(略)満州にいるときは、日ソ戦を極度に恐れた。それは、ソ連の軍事力を恐れたからであり、戦争の苛烈さを恐れたのであった。しかし、いまとなっては、これが対ソ戦であればいいのに、と思うのであった。ソ連に捕虜となるのであったら、それは積極的な意義があり、貧しいながらも自分の正しいと信ずることに突進してゆける道が開かれるのであった」とも述べるが、その信念追求の道が開かれなかったことは、彼自身にとっても幸福であったろう。

(6)中国側は日本人の弱点を熟知してあらゆる手を尽くして懐柔を図ったが、山田は一貫して主張するものは主張し、日本人特有の人の良さを排した。その決意は次のような日常の光景にも見られる。親しくなってしまったばかりに籠絡される者が多かったのである。

「『そんな固いことといりません。私の個人的交際で貴方に食べてもらうのです。他になんの意味もありません。どうぞ、安心して遠慮なく、さアー、冷めない中に、どうぞ、どうぞ。』無理にフォークとナイフを私の手に握らせる。こういう具合にうまくすすめられると困ってしまう。しかし、絶対に食べてはならない。相手が気分を壊そうと、面子が立たぬと怒っても仕方ないと私は腹をきめた」(『捕われし参謀』)

(7) 敗戦時の次のような記述を思う時、彼我の間には戦争下で望める最良の関係が結ばれていたと言えるのではないだろうか。

『心配いりません。貴方達のような優秀な人達は、早く日本に帰って再建復興に努力して下さい。貴方達航空隊の人々は日本人らしく立派な行動をしました。中国政府の人達も認めております。(略) 中国に合作した者も、不合作の人達も終戦後は待遇になんの変りもありません。帰国は一緒です。中国政府は絶対に差別をつけません、御安心下さい。』

(略) この中国政府指導層の持つ度量と抱擁力、道義観念、物の見方等が、やはり今日の戦捷を獲得した一因ではないかと痛感した。日本もこの際立派な基礎の上に堂堂と再建の道を開拓することが必要である」(『捕われし参謀』)

終章

忘れられた教訓、失われた生き方

一——忘れられた教訓

敗戦は限りなき悲しみである。それによつて日本の陥りたる現状は真に悲惨である。しかしこれに閉口頓首していたのでは日本再建の大業は達成されない。一切の事実に対して眼をおおうことなく直視し自ら反省して進むべき大道を発見し断乎として進まねばならぬ。日本国民は果して一人々々がそのような深き反省をしたであろうか。敗戦の責任を一部の人々に帰し、自己はなんら責任なしと無自覚にうぬぼれて考えている者がないであろうか（陸軍大尉東登／昭和二十二年十一月四日ラングーンにて刑死『死と栄光』より）

この原稿を書くにあたり、二百五十冊あまりの戦記類を集めた。戦争という巨大な悲惨事をこれだけの本で味わい尽くしたとはとても思えない。いくら読んでみたところで、戦争は次々に新しい顔を見せる。読み始めるとまったくキリが無いが、そこに書き残されたものの重さ、書いた者の悲痛な思いの丈に触れると、次の本、次の本と手が伸びる。古ぼけてしまった本たちが、そこに封じ込められた日本人の記憶が、再び誰かの手に取られることを待っているような気がするのである。

そして、そのすべての行、すべての字句には、日本人の美しさも醜さも、歓喜も悲哀も、汚れた軍服に包まれた赤銅色の勇士たちとともに織り込まれていた。そこにはまた、三百万人の犠牲で贖った尊い教訓がちりばめられていたのである。

なかでも私の胸に感動と慚愧とを残した地域、ニューギニアとシベリアを扱ってきた。そして、そうした戦争すべての決算として、捕虜となった日本人が経験した民族の試練、またそこで重ねた反省をたどってきた。戦争のことも、日本人のことも、分からないことは幾らも残っているが、戦記の中から汲み出した民族の記憶は、私にとってあらゆる情念を超えた愛おしいものになっていることだけはたしかである。

今この稿を終えるのを前にしてそれらを思い返せば、日本人とはいったい、どれだけの栄光と屈辱を抱えた民族なのだろうかと、目のくらむ思いがする。日本人、とりわけ日本の兵隊ほど愛おしく、また誇らしいものはない、私は心からそう思う。だがそれと同時に、彼らが日本人の民族的欠陥ゆえに自らの勲功を民族や国家の栄誉につなげられなかった様を見せつけられると、どうにもやりきれない思いがするのである。なぜこれほど尊い犠牲が露も報われないのか……。

私はその原因とも宿命とも言える悲劇の性格を、彼らの言葉を借りながら描いてきたつもりである。彼らはまさしく日本人であった。日本人であるがゆえに、言語に絶する困苦に打ち克って鬼神の如き敢闘を見せたのであり、また日本人であるがこそ、あれほどまでに無残な敗北を迎え、醜い不始末を演じたのであった。それがこの極東の島国人種に運命づけられた生き方であったなら、我々の運命とはなんと悲痛なものであろうか、なんと酷薄なものであろうか。大地は何から人をつくり、我々をどうしようというのであろうか。人は風土に逆らっては生きられないものなのであろうか。日本人の島国根性はいかにしても克服できない宿痾なのか。

兄と弟とが、どっちも一人前になって、一は日本の島に住み、一は大陸に住み馴れて時々邂逅する。弟の私はよく神経質なものにこだわる兄を発見して、「おや？　こんなはずはないが」と思ったものである。恐らく十余年間の満州が、私にしみこましてくれた鷹揚さではないかと思う。

因習のない広さ、総てが建設への力で溢れていた──それが満州であった。(『沖縄俘虜記』)

加賀前田侯爵家の御曹司前田利貴は、サウ島警備隊長として善良に職務を遂行したが、連合軍の裁きにより昭和二十三年九月九日、クーパンに露と消えた。彼の日本人評をここに引いておこう。

公のためにその人を援助しその人の短所を補う事は決してせず、ただこれにけちをつけて落すことのみを工作し、しかしてこれに代ってやるだけの勇気は持っておらず、実に卑怯千万な者である。それとても蔭口をたたき面と向っては良い顔をして居ようという人々が多い。また日本人ほど規則を守らぬ人種もめったにない。収容所でも自分達だけで決定した規則ですら、二三日後には平気でこれを破り、その上規則違反をするのに自分勝手な理屈をつけている。この点から見て決して団結し得る民族ではない。（『死と栄光』より）

彼らの厳しい日本人批判は、一様に己の反省、民族の向上を願ったものであった。彼らは敗戦の屈辱を前に日本人であることをやみくもに卑下したのでもなければ、異邦人に対して軽薄なあこがれを抱いたのでもない。ただ自らの内に救いがたい根性を見出し、敵国人の中に、否定し得ない美徳の一端を見たのである。

ある時、ラジオが日本の君が代を放送した。日本を敵として戦って来たはずの米兵たちが起立して敬意を表している。日本の捕虜たちは戦争が負ければ国歌もくそもあるものかといった顔で知らん顔している。アメリカの国歌が聞こえてきても同様である。大元帥陛下の名がでたら直立不動の姿勢をとった。そうしないと叱られるからで、尊敬の心が自から形に現れる、あるいは身についたマナーとして自然にそうするということではなかったとみえる。アメリカ人が考えている忠誠心とはだいぶんちがう。（『PWドクター』）

（筆者注：英軍貸与のトラックを脱輪させた際、応援を呼ばずに脱出させようとしたせいで後輪タイヤが傷められているのを見て英人少佐が言った）

「なぜ、もっと早く知らせないのか？」

「夜中なので、手間をとらせては悪いと思った」
「夜中もへちまもない。車を引き上げる仕事をする部隊がちゃんといるじゃないか。それをやるのが、我々の〝任務〟だ」
任務という言葉が、強く印象に残った。彼らは、夜であろうと昼であろうと、自分の任務は忠実に果たすようだ。（略）
（筆者注：車両が故障した時のこと）英軍のサルベージ部隊の車がやってきてなおしてくれた。エンジンの下にもぐって、泥だらけになりながら修理した。こちらの運転手が手伝おうとしても、手を出させない。お礼をいったら、長の軍曹が「マイ・デューティ」といって、すっと帰っていった。（略）
英軍は、どんなにきびしい仕事でも、いやな仕事でも任務となれば文句はいわない。その代り、任務以外のことは一切やらない。それで横の連絡が悪いという欠点はある。日本軍がここを衝いてうまくやったことが何度かある。
日本人は、自分の任務をろくに果たさないくせに、任務以外に口や手を出す。それはおせっかいであったり、親切であったりする。それが役に立つ場合もある。しかし自分の任務――義務を完遂するのが本筋である。日本人はもっときびしい義務観念を持つべきだ、と私は感じた。（『マレー捕虜記』）
（筆者注：軍医であった著者が、上下関係の失われた収容所で怠ける衛生兵をよそに担架を洗っていると)「君ハどくたーダカラ、コウイウ仕事ハシナクテイイ。どくたーはぷろふぇしょんダカラ患者ヲ診察シテイレバイイ。」といって、衛生兵をかり出して仕事を命じた。このG軍曹はシカゴの工場で働いていた男であまりインテリではない。始終軍隊の悪口ばかりいっていて、早く家へ帰りたい、戦争はまっぴらだと公言してはばからない。しかし勤労が身についているというのか、やることはまじめできちょうめんだ。この男の義務感というのはどうも国家に対する忠誠心とか、軍隊の権威に対する畏怖心とかとは無関係で、着実な市民生活で身につけた律儀さに基くものらしい。放っておいてもすべきことはまちがいなくやってゆく。これに反し日本の兵隊の戦争後の行状を見ると、強制力が無くなると同時に今までの機敏な行動がどこかへ消えて、当然やるべきこともなるべく怠ける、損はしないように得をするように、まことにぐうたらでエゴイスティックな態度が目にあまる。(『PWドクター』)

私は米兵たちが、上官が見ていようといまいと平気で、あたかも仕事をたのしむかのように、定まった時間中は仕事をやってのけるのと見較べて、日本人の性格やその受けて来た教育について考えざるを得なかった。(『沖縄俘虜記』)

(筆者注:共産軍の政治工作者について)彼等の友情の厚さと、同志的団結の強さは深く考えさせられるものがある。(略)他の地区との連絡においても、その連絡者に一面識がなくとも、身分が解り、自分達の同志であると知れば一見旧知の如く、隔意なく話し合っている。

彼等の責任感の強さは又無類である。（略）私たち一家を各地区で護送した政治工作員は、一様に自分の生命と心情を傾け尽くしても、その使命を全うしようと言うふうに見えた。（略）彼等はいつも危険な場所から我々家族を守り、馬が足りなければどんなに疲れていても、まず私達を乗せて自分達は歩き、子供等が寒さを訴えれば自分の外套を脱いで着せ、空腹を訴えれば身銭を切っても饅頭を買って与えると言うふうであった。（略）この指導しつつ仕え、サービスしつつ感化すると言う、普通の場合にはやりにくいこの両面を混然として実行して行く。（略）これは実に常に高い理想を抱き、指導者を信じ、同志を信じ、自分たちの事業の価値を信じ、その事業の成功を信じ、最後に自分たちの理念の実現する事を信じて居る場合にのみ、現れる態度ではないだろうか。

ひるがえって新日本建設の途上にある者は、政治運動にせよ、社会運動にせよ、文化運動にせよ、又は農村建て直しの運動にせよ、前述の工作員達の態度に学ぶべきものが果たしてないであろうか。（『延安捕虜日記』）

彼らが見つめた日本人の弱点は、今も生き続けている。それらのすべてが、恐ろしいほどの保存状態で残されている。我々はその克服にいささかの関心も払わなかった。戦後の復興というのは、幾たびかの政治の季節を過ぎても、所詮は物質生活の復興でしかなかった。民族の再建は、腹が膨れれば達成されるものではない。対外資産を増やし、経常黒字を拡大すれば手に入るものでもない。日本人が戦争を反省し、戦争の記憶を風化させないというのであれば、真面目くさった顔で「過ちは繰返しませぬから」と誓うのであれば、取り組むべきは戦争体験者たちがその血を代償に白日の下に曝してくれた我々の病理を取り除き、ひとりの人間として、またひとりの国民として、より良き存在に近づくための努力に漕ぎ出すことではなかったか。

我々は絶えざる戦争に苛まれた戦前日本よりか、食うに困らず明るい平和の下にある戦後日本を支持している。経済的に停滞した平成以降はいくらか自信をなくしているようだが、戦前の方がよかったなどという者はよほどの変わり者しかいないだろう。我々日本人は戦前を棄て、戦後を摑み取ったのであり、生は拡大し、死は後景に退いた。これを勝利と呼ばずに何とする。私が平成に生まれて眺めてきた日本人は老いも若きも皆そういう顔をしていた。軍隊を敬慕し、日本軍将兵の戦場でのはたらきに感動を覚える私など、時代の奇形児たるを免れたことはなかった。

だが、本当に我々の戦後は獲得の歴史であったのだろうか。改良の歴史であったのであろうか。もしそれが本当ならば、我々日本人は負けて勝ったことになるが、それほど都合の良い歴史が果たしてあり得るのだろうか。そして、もし戦後が発展と向上の道を歩んだのであれば、私の心を離れることがなかったあの空虚感、いや、何か大人に騙されているような感覚はどこに発したものだったのか。自分自身が大人になることを、言い換えれば独立自尊の地位につくことを阻まれているような不足の感情は、いったい何によって引き起こされていたのであろうか。

私の三十一年間の人生は、ただこの一つの不快に支配されていたといってよい。その淵源を探してずっと歩いてきた。世間の人はこれを教えてくれなかった。書冊は時にこれを示唆してくれた。自衛隊はこれに輪郭を与えてくれた。そして戦記は、これの在処を明確に指し示してくれたのであった。敗戦に立ち会った日本人が等しく剝奪されたもの、我々は未だそれを、父であり夫であるこの手に取り戻していないのである。

（筆者注：降伏して）島へ渡ってからは、空からの脅威はまったくなくなったが、同時に、人間としての肝腎なもの、具体的には表現できないが、その最も大切なものまで喪失してしまったように思えるのだ。戦争を忌避しながらも、その戦争に突進させたもの。そのために世界が平和になるならば、日本は戦争に敗けてもよいと思いながらも、やはり戦わないでいられなかったぎりぎり一杯のものが、去勢されたように、いつか失われてしまった。（清水寥人『レムパン島』）

この国の人は平和を言う。腹が立つほど簡単にそれを口にする。平和がいったい何であるか、その定義をあらためて顧みることもしないくせに、平和は大事だと言い切ることに何の疑いも、また何の不安さえも抱いている様子はない。それがどれほど頼りないものであるか、どれほど侵されやすいものであるか。大切なものなら相応の注意を払うべきであろうに、恭しく扱うばかりで、平和と共に語り、平和と汗を流す気は少しもないように見える。

だが、少しでも平和を思い、現実の条件に眼を向けるのであれば、平和の礎にはいつの時代も武があり、また武を支えた人々の犠牲があったことが分かりそうなものである。武を否定することはそれほど正しいことであろうか。平和はもはや武を恃みにしないほどに確固不抜の定着を見せているのだろうか。

武装を解かれた日本の捕虜は、戦争にほとほと疲れ切っていた。戦争のむなしさなど、知りすぎるほどに知悉していた。だが、そんな彼らであっても、武を備えること、武で以て自らを確立していくことの意味は肌で感じて理解していた。それを失うことは、何か決定的な欠損を抱えることになるということを、彼らは血と鉄と油の匂いで満たされた戦場から学んでいたのである。それが奪われた時、彼らは人間の条件に変更が加わることを感じ取った。

〝片輪になるのだ〟

それが彼らの実感だった。

彼らは、武装解除によってこのことを思い知っていた。如何に大勢の上からいって不利な立場にあろうとも、その手に武器ある限り、目の前で侮辱を受けるようなことはなかった。米軍だろうが濠州軍だろうが、気持ちの上で負けたことはない。信仰が人を絶望から救うように、戦いの意志は、民族衰亡の運命の中にも決して消えない灯火となっていた。そしてそれが消えてしまったとき、我々は強者を前に目を伏せることしかできなくなった。日本民族はこのとき確かに、以前よりもずっと卑小で、ずっと惨めな存在へと転落していたのである。

（筆者注：戦犯捜しにおいて）自動小銃を突きつけられての首実検は身に覚えがなくとも決して気持ちのいいものではない。誤認逮捕ということもある。戦って死ぬならまだしも、逮捕されたら必ず絞首台が待っている。問答無用の、勝てば官軍の論理そのものである。武器を捨てた丸腰と、対等に武器を持って対峙するのとでは心理的にもちがってくる。武器を持っていれば劣勢でも戦えるという気迫がある。（『ソロモン収容所』）

（筆者注：日本兵を護送中の豪兵に突然銃剣で斬りかかられた藤田上曹はかろうじてこれを避けた）「丸腰だと思ってなめてやがる」飛びかかろうとする藤田上曹に、松本上曹は抱きついて止めた。（略）

豪兵は得意げに銃剣をかざし、仲間に何か言って気勢をあげている。おそらく俺の銃剣術の腕前はたいしたもんだろうとでもいって、自慢しているんだろう。陸軍の兵隊が、「豪兵なんて斬りこみにゆくと泣き喚いて逃げ惑っていた。だらしねえ奴らですよ」と話していたが、小人数とみて侮ったものだろう。藤田上曹も武装していたならこんなに侮られることはなかった、と後年もくやしがっていた。（同）

武は敵を滅ぼすだけでなく、自らをも滅ぼし得るのだということを、日本人はこれ以上ないほどに昭和の大戦で経験したはずである。武を信じ、武を称え、武を蓄えた我々は、その武によって独立を失い、誇りを失い、国体を失った。そのことを反省してし過ぎることはない。

だが、それでも武は生き残らなければならなかった。生きることは、武とつき合うことをも含むのであった。銭金は卑しむだけでは済まぬように、武もまた、その扱いに通暁することが全き人間の条件であった。武を棄てたとき、人間は一段下等になることを免れなかった。そして、ひとたび武を手放した民族を待つのは、他民族からの圧迫であり、自身に巣くい、根を張ってゆく卑屈であった。

日本人の生き方は、武を追放したその時に定まった。武に振り回された我々は、一切合切これを脱ぎ捨てようとしてしまった。戦備はいらぬ、交戦権もいらぬ。押しつけられた憲法も、五十年、七十年と経てば、手前のものだといわれても文句は言えまい。我々は奪われた武を、無為という明確な意志を以て自ら放棄してきた。決して失ってはならないものを、我々日本人は置き去りにしてきたのである。それで独立国と言えるか、いや、一人前の人間と言えるか。抑留者たちの中には、敗戦の現実を前に早くもこうした反省にたどりつく者があった。

私たちがスマトラにいたとき、インドネシア人が、武器をほしがった気持ちが今にして分かる。武器は、単に戦うための道具ではない。武器を持つこと、それは外敵の侵略に対して戦う——隷従しないぞという意志表示、つまり独立のあかしなのだ。武器を執って初めて彼らは少なくとも精神的に独立したといえる。(『マレー捕虜記』)

武を否定するのは、生だけを最高の善とすることである。それは、私が今まで教えられ、自分も信じてきたことを、根底から覆すものだった。私は、それを俄に信じることができなかった。それでは、日清、日露以来の無数の戦死者たちは、犬死、馬鹿げた死をとげたことになる。「戦死は最高の死」と信じていた私には、とても考えられないことだった。

片一方のハサミだけが異常に大きいカニがいる。それをチョキンと切り落とすようなものだ。大きすぎたら小さくすればよいではないか。（略）

生きたい、死にたくない気持ちを徹底させれば、頭をふんづけられ、唾を吐きかけられ、鎖につながれ、婦女子は凌辱され、食うものを奪われても、ひたすらに命乞いをするということになろう。名誉も誇りもなく、恥を恥ともしないということではないか。それでも生きた方がよいのか。生はそれほど最高の善であるのか。（同）

武とは何か。それは、自らの生き方を守るための手段であるとともに、自らがより優れた存在になるための努力そのものである。それを忘れた者が、果たして自身の生き方を守れるのであろうか。克己復礼の道を歩めるのであろうか。

武の精神をひと言で表すのであれば、それは〝死んでもよい〟ということになろう。[1]それを守るためなら死んでも構わぬと思うほどに自己の生き方を愛すること、また、そうして己が生き方の貫徹を目指したことによりたとえ死を招いたとしても、その生の中絶を敗北とさえ思わないほどに高められた弛まぬ緊張した生の様式。そこに宿る精神は、人の生を暗くするものではあるまい。野蛮と破滅につながる悪魔の徳目などでは決してあるまい。
然るに、武の精神が発揮された後には、より清潔で、より整然とした秩序が生まれた。武の精神を背景に自己を愛し得る者のみが本当の強者となり得る。(2) そしてこの強者こそが、弱き他者を掃き清められた秩序の中に引導するのだ。

ニールソン中尉が看守の立つてゐるところに來たとき、看守は身体を伸ばして中尉に平手打ちを喰はせた。ニールソン中尉は持つてゐた小桶を静かに地上に置き、「エヘン」と咳ばらひを一つやつて、それから、ゆつたりと怒つた顔もせずに看守に近づき、平手打ちを喰はせてしまつた。(略)
が、意外なことには、別に問題にならなかつた。そして、看守の大部分は今までよりもニールソン中尉に敬意を拂うかのやうに見えた。(『私は日本の捕虜だった』)

日本人の中に、この意味における武の精神が宿ったことが果たしてどれだけあっただろうか。国を愛して己を愛さず、また、己を愛して国を愛さず、そういうことが多かったのではないか。自分を正しく愛することが出来る人間はどのような逆境にあってもその振る舞いを律し続けた。そうした者が纏うある種の威は、敵味方を越えた人間の階級を作り出していた。戦記の中には我々を反省に導く訓えが、こうして今もその射程を保ちながら眠り続けている。

顧みると、道義を愛し、国を愛し、己を愛することとは、不可分一体の一事であり、武の精神はこれらを通貫するものであるが故に、他者に対しても開かれた精神と呼べるのである。武は、己を陶冶していくことを目的にするばかりでなく、自分よりも大きい、より高次の存在としての共同体に奉仕することをも目指す。それゆえに武は、個人の倫理道徳の範疇を越え、個の輪郭を共同体に拡大発展させてゆく。このときなにより重要であるのは、我々のもっとも生物的でありながらもっとも人間的な要素として、より大きな存在に対して自己を同期したがる性質がおよそ誰にも認められ、また共同体への献身にしばしば最高の感動と情熱を持ちうるのだということである。

決して否定し得ない我々の本然というべき犠牲心は、親が子を思う感情を思えばわかりよいはずだ。自己の消滅をものともせぬ勇敢さは、子を生かすように、共同体を生かす。

戦友にあとを託して、万骨が戦場に枯れていった。「あとは頼む」のひと声残して出征していった兵士たち、「桜の梢で会おう」と散っていったこの国の男たちの精神には、軍国主義とも皇国史観とも無関係に美しく、悲愴な運命の中でも人間を愛し得るものにするための明るさがあると認めようではないか。今を善く生きようとすることが、永遠を生きようとすることと変らぬというのは、我々人間にとって限りない祝福ではないか。臆病、卑劣、優柔不断、強欲、小心、人間を襲うあらゆる弱さから我々を救い得るものは、ひとつ武の精神にしか求められまい。

勿論、大きすぎるハサミの話があったように、武一辺倒でよいと言いたい訳ではない。それこそ親が子を思うように、子も親を思わねばなるまい。共同体と同時に、個もまた愛されなければならないのは、大戦の教訓の大きな部分を構成しているはずである。だが、それもやはり、両者の調停がなされていなければ健全とは言えない。

我々は戦後、自己に完結する欲望の充足にばかり努めてきた。ひとくちに欲望といっても、それには醜いものも美しいものもあろうが、共同体というものになにかしら手を入れ、育てていこうとする視野はまったく欠けていた。教育一つとっても、よい人間を育てることのみが目指され、よき国民を育てることなどおよそ度外視されてきたが、その教育の成果が見るも無惨なちっぽけなものであったことは現実が証するところだろう。シベリアでみた通り、人間教育と国民教育、いや、人間の修行と国民の修行は結局のところ不可分であるが、これを忘れた結果が、この国に蔓延り続ける小心な我利我利亡者の群れなのである。

我々の周囲には、好むと好まざるとにかかわらず、どんな時でも〝同胞〟が居る。またその同胞の内で同胞の一人としてよく振る舞う限りにおいて初めて、一人のよき人間となり得る。それゆえ我々日本人は、〝この同胞〟であるが故に負けたのと同じように、〝この同胞〟であるが故にともにその苦しみを生きられるのであり、また〝この同胞〟であるが故に、ともに泣き、ともに笑える。〝同胞〟という文化慣習の母体から逃れ出ることは、たしかに個人の解放であり自由を獲得するように見えるのであろうが、それは単に自身に対する絶縁状の意味しか持たないのである。

大岡昇平の『俘虜記』には、次のような応答がある。日本の降伏後、捕虜中隊長が大岡一等兵に尋ねた。

「ねえ、大岡さん、みんな色々いっているが、ほんとうは早く降参すりゃいいと思っていたんですよ。こうなりゃ、どっちにしたって同じことですね。誰だって早くかえれるほうがいいでしょう」

「そうですね、正直のところ、日本が負けたってことは、我々が帰れるってことですね」

そのときは素直に受け容れた大岡だったが、日本の運命と自らの運命を切り離した言葉に、彼の身体は従おうとしなかった。負けて助かった、負けて良かったと思う気持ちに嘘はなかった。いや、それが本心と言ってもよいものであったが、大岡の明晰な思考による捕捉を逃れたものが、彼の身体にも残っていた。それは自らの意志とは関係なくプリミティブな姿をとって顕れ、彼を次の思考、次の行動へと誘っていった。

私はひとりになった。静かに涙が溢れてきた。反応が遅く、いつも人よりあとで泣くのが私の癖である。私は蠟燭を吹き消し、暗闇にすわって、涙が自然に頰をつたうにまかせた。

では祖国は負けてしまったのだ。偉大であった明治の先人達の仕事を、三代目が台無しにしたのである。歴史に暗い私は文化の繁栄は国家のそれに随伴すると思っている。あの狂人共がもういない日本では、すべてが合理的に、望めれば民主的に行なわれるであろうが、我々は何事につけ、小さく小さくなるであろう。偉大、豪壮、崇高などの形容詞は、我々とは縁がなくなるであろう。

私は人生の道のなかばで祖国の滅亡にあわなければならない身の不幸をしみじみと感じた。国を出る時私は死を覚悟し、敗けた日本はどうせ生き永らえるのに値しないと思っていた。しかし私は今虜囚として生を得、その日本に生きねばならぬ。

しかし、慌てるのはよそう。五十年以来わが国が専ら戦争によって繁栄に赴いたのは疑いを容れぬ。してみれば軍人は我々に与えたものを取り上げただけの話である。明治十年代の偉人達は我々と比較にならぬ低い文化水準の中で、刻苦して自己を鍛えていた。これから我々がそこへ戻るのに何の差支えがあろう。

これ以上望めぬというほどに分析的で合理的な大岡は、戦争という荒波も個人で乗り切って行くように見えた。大岡以上に自律的に振る舞える人間は、いつの時代にもほとんどあるまい。だが、そんな大岡の生にも、国家や歴史、そして民族の糸が織り込まれていた。戦争の終幕に大岡が求めたものもまた、同胞とともに生きることであったように思えてならないのである。

涙は快かったが、私はやはり暗闇にひとり坐るのに堪えられなくなった。人を求めて、私は何となく小隊小屋の一つに入って行った。

（1）本田忠尚も同様のことを書いている。

「軍隊を廃止することは、単に形而下の問題だけではない。それは武を否定することである。（略）武は人殺しを目的とするから、それ自体は悪しきものと思われようが、なぜ、それが重んじられてきたのか。民族や国民の生存のために必要と考えられたからであろう。いや考えられたのではなく、それがあるのが、人間本然の姿ではないか。私は『生きたい』のが文で、『死んでもよい』のが武であると思った。どちらも人間の本性に根ざしており、是非善悪を越えたものである」（『マレー捕虜記』）

（2）次のような台詞は武の精神を備えた者でなければ決して吐けないものであろう。

「九月二日、日本側の代表が降伏文書に署名する爲に、ミズリーの舷側をあがって行くのを望見した。日本は遂に降った。愚かな軍部指導者の手によって、この偉大な國民は悲慘な敗戰に直面させられたのだ。数百万の生命は失われ、その都市は測り知れない損失と破壊を蒙った。八十年の短年月の間に未曾有の發展を遂げ、科學的にも工業的にも天才的な能力をあらわし、アジアの指導者としての地位を築いた日本は、人類の歴史上で最大の誤謬の一つを犯したのだ。（略）私の思いは四年ほど前の降伏當時の香港にとんだ。それが何者であるにせよ、强者が屈服させられるのを見るのは辛い事である」（『おかわいそうに』、傍点筆者）

二——失われた生き方

> 主人が変ると、なんのためらいもなくその瞬間から新しい主人に忠節をつくすことができるものもまた多かった。いくらでも例を挙げられるが、つまらなすぎて書く気がしない。とにかく、この転換のあざやかさに日本人の特質があると想われるほどである。そういうときひどい目にあうのは、ぼんやりしていて、しかもわりあい正直で、あまりあざやかなことができぬ人間である。もともとそういう鈍重なのは将校や下士官より兵隊に多い。そういう人はほとんど死んでしまった。（『アーロン収容所』、傍点筆者）

以上書いてきたことで、これまでに私が戦記からもらい受けた教訓の大要はすべて記したつもりである。全体として暗い内容になったことは否めないが、その一節一節に表れる日本人の表情は、少なくとも私にとって過ぎ去った時代に親しみを覚えるよすがであり、ともに生きたいと願わせるものである。日本人であることを宿命として受け容れ、その長所も短所も諸共に、うなだれながらも前を向かせる力が戦記にはあった。もしそれが些かなりとも伝わる文章になっているのだとすれば、私の試みは期待以上の成功を収めたと、ひとり満足することにしたい。

然るに、あとひとつ、心残りがある。それは、戦記にも直接的に書かれることが少ないものだ。勇敢な者に書かれた戦記は、爽やかで太陽の匂いがする。思慮深い者の手になる戦記は、反省の記述に満ち、厳粛な静寂に覆われている。それらから受け取る印象は、陰陽の違いはあれど、どちらも理解の範疇にある。死んだ者、生き残った者、そして遅れてきた我々、それら皆が、同じ情熱と冷静でもって、戦争を思っているのである。それはひとつの継承の系譜であろうが、そこに回収されないものがないか、我々の先入主によって記憶の片隅に押しやってしまったものがないだろうかということがどうして、気にかかる。

思えば、ほとんどの戦記は戦後に書かれているから、それはある意味では戦後の人間の眼を通したものにならざるを得ない。だが、次のような記述を読むとき、戦後の記述がその場面その瞬間の在り方と照応しているのか、戸惑わずにはいられないのである。

私は俘虜となることを、日本の軍人の教えるほど恥ずべきものとは思っていなかった。（略）しかし、今現に自分が俘虜になって見ると、同胞がなお生命を賭して戦いつつある時、自分のみ安閑として敵中に生を貪るのは、いかにも奇怪な、あるまじきことと思われた。私はふと、このまま海に飛び込んで死にたい衝動に駆られた。しかし、これは偽りの衝動であった。（略）私はそうした偽りの衝動を感じなければならない自分を憐んだ。（『俘虜記』、傍点筆者）

大岡は自らの衝動を〝偽り〟として否定するが、果たしてそうだろうか。大岡の戦記を読んでいてどうにも納得がゆかぬのは、こうした点にある。彼の思想に照らして自らの内に居場所を与えていない感情であっても、それは彼自身のものに他ならないのではないか。なぜ自然に湧いた感情まで神経質に剔抉してしまわねばならないのか。

戦争という戦後の日陰者は、当然ながら戦後の人間に嫌われる顔、憎まれる性格をおびただしく含んでいる。単純に理解し得ない要素が埋め込まれている。我々はそれらに出くわしたとき、異常な興奮状態が生んだものか、所謂洗脳が行き届いていた結果だと見て距離をとるのがふつうである。しかし、戦記を読めばすぐにわかることであるが、人の心の動きも、また頭の中身も、そう簡単に変わるものではない。当時の人間とて我々が悩む人間の弱さを持ち、人並みに利己的であり、現代人かそれ以上に自由に物を考えている場合がほとんどである。入手できる知識の量の違いを除き、我々と彼らとの間に元来さしたる相違はないと見るのがむしろ妥当であろう。

ところが、そんな中にも我々が到底持ち得ない感情を抱いて戦争に取り組んだ人間は居たし、彼らを仰ぎ見る者たちの姿があった[1]。宮永次雄は腐敗した軍隊にも無益な戦争にも幻滅していたが、十九歳の水上特攻隊がかつぎこまれた時の興奮を次のように書いている。

「初めて、本当の日本軍人らしい兵隊に会えたような気がする」

記』）

「我々が中隊で見た兵隊と全然違う！」
「本気で死をみつめている純情な青年なんだ！」（略）
私にとって、偽りのない「誠」の兵隊の存在は、正に厳粛なものであった。（『沖縄俘虜記』）

また、松木謙治郎は沖縄戦で戦争に協力した挺身隊女子部員のことを感動をもって見ていた。彼女らは最前線まで握り飯を運んでいたが、そこには雨あられと米軍の砲弾が降り注いでいた。兵隊ですら本能的に伏せてしまう中、腰を抜かすでもなく、まなじりを決して前線を目指す女たちの姿があった。

挺身隊の女性は立ったままである。彼女たちが急いでふせれば、山盛りのにぎりメシがどろんこになるので、足もとに落ちる弾のなかにたったままつぎの地点へ弾がまわるまで待つ姿は、夜空にあがる照明弾の青白い光のなかで見ると、女神の像を見るような尊さを感じさせられた。（『松木一等兵の沖縄捕虜記』）

サイパンで玉砕した民間人の姿も、我々の理解を越えるものである。しかしそこには、決して狂人などとは呼べぬものがある。狂人は自分ひとりにしか妥当しない狭小な世界に閉じこもった者をさすが、彼ら彼女らの中には、もっと大きな、彼ら自身ずっとそれを守ってきたと言えるものがあったのではないか。それが証拠に、同じ教育を受け、同じ局面に際会したとしても、我々にこうした振る舞いがとれるとは到底思えないのである。

三名の日本人の女性が、まるでテルモピレーの決死の陣にのぞんだレオニダス将軍と部下のスパルタ軍の流儀に大いに似て、岩頭にゆうゆうと坐ってその長い黒髪を落ちついて櫛けずりつつあった光景には、さすがの海兵たちも呆然と驚異の眼をみはって見まもるばかりであった。それから最後に、これらの女性はそれぞれ両手を合わせて祈りながら、しずしずと海のなかへ歩いていって姿を消したのである。

しかしあらゆる奇妙な儀礼のなかでもっとも儀式ばったのは、断崖の上より見つめている海兵部隊に向かっておじぎをした、岩上の百名ばかりの日本人の一団であった。彼らはそれから、各自の衣服をぬいで裸になって海中につかった。そして彼らは全身を清めてから、新しい衣服を着用して、平らな岩の上に大きな日本の旗をひろげた。それから指揮役の男が手榴弾を一個ずつくばった。そして一人一人その手榴弾の発火栓を引きぬいて、これらの日本人たちはその内臓を露出して爆死をとげたのである。

さらに、海兵部隊は約五十人ばかりの日本人の一団を望見した。そのなかには数名の子供もまじっていたが、彼らはまるで、野球の選手が試合のまえに手ならしの準備運動をするようなふうにして、厳粛な態度で手榴弾をたがいに投げあっていた。（ロバート・シャーロット『サイパン』）

戦後の日本人は当時の玉砕精神や、死も敢えて恐れぬ生き方を生命軽視の思想であると考え、負の歴史と見做して疑うことを知らない。彼らはたしかに延ばそうと思えば延ばせる命を〝粗末にした〟のかもしれないが、それは単に無駄死にであり犬死であったといってよいものだろうか。

ビルマ戦線第五十四師団宮崎繁三郎中将はアラカン山系以西地区よりペグー山系に転進中、状況不利と見て麾下将兵に決死の覚悟を促した。

第一、上下一致して任務に邁進すべし。

第二、たとえ最後の一人となるも決して捕虜にならざること。万一、捕虜の恐れある時は自決すべし。

第三、元気でやれ。

予のつたなき指揮にもかかわらず、勇戦奮闘せし将兵の労を多とす。身はたとえビルマの土となるも、護国の鬼となりて七生報国、米英撃滅に邁進せん。これをもって師団長最後の訓示となす

これなど日本軍の生命軽視思想を体現しているように見えるかもしれぬが、宮崎は傷病兵の救護にはことのほか意を用い、「病のため、いかに苦痛であろうとも自決することは厳禁せよ。

また、師団爾後の作戦に支障はあっても、患者全員を収容せよ」(『捕虜　生きて虜囚の辱めを受けず』)などと指示していた。そこには、師団全員で力尽きるまで共闘せんとする不屈の闘志とともに、部下将兵に対する自然の情愛も生きていた。元東部憲兵司令官の大谷敬二郎は次のように述べる。

部下に自決を命じる将帥は、また部下の一兵をも損ぜざることに苦慮した。この一見矛盾するかのように見られる統帥、だが、それは決して将帥のなかでは矛盾するものではなかった。玉砕、それは単なる自殺ではない。敵手におちることを拒否し、最後の一兵まで戦うという「皇軍」の伝統としていたのだ。もちろん、そこには戦陣訓と虜囚の戒しめがあったが、しかし、それだけがこの玉砕をささえたものではなかったろう。(同)

同じ玉砕が、「義勇奉公」にもなれば、「無駄死」にもなる。戦後に口を動かしたのは戦争を生き延びた者だけであったが、戦前の理想を抱えて精強に、降伏を潔しとせず死んでいった無数の剛者は、戦後の「生命尊重」「個人尊重」の価値観でもって憐れまれるのがオチであった。しかるにそれは、日本民族の血の通った一部を切り捨てることではなかったか。都会に出た放蕩息子が郷里の老父母を、田舎の恋人を捨てるような不孝であり不義理ではなかっただろうか。

シドニーの西二百五十キロに、カウラという街がある。一九四四年八月五日、当地にあった捕虜収容所から日本兵が脱走蜂起し、日本人二百三十一名が死亡した。

ここでの捕虜待遇はおよそ理想的なものであり、(2)収容された日本兵たちは軽作業以外にやることはなく、南方の苛酷な戦場ですり減らしてきた命の恢復に努めるばかりだった。

それにもかかわらず、集団蜂起は起きた。当初収容所内の強硬派となっていたのは海軍の航空兵であり、彼らは不時着などにより戦いの経験浅く捕われたせいか意気軒昂、後方攪乱や日本軍人の使命完遂を唱えており、ことあるごとに作業拒否や無理な要求を行った。もっとも、収容所の管理を日本側で担っていた事務所のメンバーには召集兵などを主体とした穏健派もいたが、彼らとて戦陣訓の精神と無縁だったわけではない。行き届いた管理を行う濠側にむやみに刃向かうことには反対だったが、自らが禁じられた存在である捕虜である以上、強硬派に正面きって対抗することは難しかった。議論になれば、自然声の大きい、また一面軍人の本分に忠実な強硬派に分があった。

そんな状況にあって、八月四日、収容所の定員超過を憂慮した濠側から将校・下士官を除く七百名の分離・移送が告げられると、所内の空気は瞬時に沸騰した。下士官と兵の家族的紐帯は日本軍の根幹であり、その切断は到底看過出来るものではないと考えた強硬派は、この際全員で脱走して死の機会を求めようと主張する。彼らの目的は脱走の先にある死であり、捕虜として生きながらえてしまった運命にケリをつけることであった。

事務所幹部と所内各班の班長による会議が始まった。大半の者は他人の出方をうかがい、腹の探り合いをしている。少しでも穏健な意見がでれば、強硬派により「貴様はそれでも軍人か」と一蹴された。軍人である以上、そう言われては黙るほかない。[3] 会議は妙案を得られず、捕虜全員による多数決投票を行うことになった。

投票は○／×方式で行われた。○は出撃に賛成、×は反対である。各班で集計し、四十の班がそれぞれ賛成反対に分かれた。結果は、八割の班が○であった。[4] 運命は決まった。捕虜となって止まっていた日本軍人の時計が動き出した。死への疾走が始まったのである。

八月五日深夜、突撃ラッパが所内の静寂を切り裂いた。バラックから火の手が上がるや、別区画の将校や入院者、一部の不参加者を除く千名足らずの日本兵が、手製の武器、ナイフやフォーク、バットを手に駆けだした。バラックの中では、身体の悪い者、世話になった濠州人に危害を加えたくないと考えた者などが次々に首を吊り、その数は数十名にのぼった。

走り出した日本兵は、一目散に駆けた。慌てた濠側の機関銃が火を噴く。丸腰に等しい日本兵たちは次々となぎ倒されたが、一部は毛布を掛けた有刺鉄線を越えて荒野に飛び出した。こうなってしまえば穏健派も強硬派もない。穏健派の代表格であった堂市次郎を慕って終始行動をともにしていた召集兵の森木勝も、悪くしていた足を引き摺りながら猛る群衆の一人となっていた。

私のあとにもまだ負傷者あがりの者がつづいている。しかし人よりおくれるということは軍人としての良心が許さない。よろめく足を踏みしめ、ステッキで支えながら、一歩一歩前進していった。(『暁の蜂起』、傍点筆者)

だが、蜂起もここまでであった。脱柵に成功したいくらかの日本兵は、濠人に出くわすや「殺せっ!」と胸を出して向かっていったが、その多くが捕えられて収容所に戻された。二百名を越える死者に、数百名の負傷者を出した決死行はあっけなく終わった。〝全員討死〟を目的に起こった蜂起は、八百名以上の生存者を残して幕を閉じたのである。

ところが、死者はこの後も続いて出た。集団自殺とも言うべき蜂起を引き起こした強硬派に生き残りが居たからである。ナイフをチラつかせながら「非国民は前へ出ろ! おれが始末してやる」と言っていた強硬派の一人は、事件後に批判が集中し、半狂乱となってボイラー室で首を吊った。

この点、「投票の結果については、むしろ強硬派が狼狽していたと伝えられています。裏を返せば、空威張りで案外臆病な連中もかなり居たのではないでしょうか」(藤川正信『戦陣訓とカウラ事件』)と語る者があるように、強硬派の思想基盤は必ずしも盤石ではなかった。森木も「強硬派の大半の者たちは、口に強硬論をとなえ、作業に反対し、何ごとによらず濠州側に反発していたが、心の中では穏健派が、うまくやってくれることをねがっていたのではなかろうか」(『暁の蜂起』)として、強硬派の本音を推測している。(5) 生き残った者に強硬派が多かったという証言もある。

実際、八割の賛成というのも日本兵たちの真情を正しく反映していたかどうかは怪しい。中野不二男による戦後の聞き取り（『カウラの突撃ラッパ』）によれば、回答のあった三十六人（聞き取り対象は百名）の生還者のうち、投票時に○とした者は二十人、×は十人だったというが、本心を尋ねると、○は六人、×は二十八人となった（数字が合わないのは項目によって「記憶にない」と回答した者が居たため）。無回答者が多く、また事件後の反省なども考慮しなければならぬものの、八割が本心では反対であったと答えている事実には一考を要するであろう。

こうしたことをもってこの事件を「戦陣訓精神が生んだ悲劇」ないし「集団心理の暴走」などと解することは容易いし、またそうした面があったことも否定できない。だが、森木が残した「（筆者注：強硬派を）偽善者たちと罵るのはやさしいが、そう言っただけではまだまだなにか割切れずに残る、苦しい不思議な人間の性質を感ずるのである」（『暁の蜂起』）という言葉を思う時、そこにはまだ置き去りにしてきた情念があるのではないかと気にかかるのである。

戦後に生まれ育った我々が素直にこの事件を眺めれば、彼らは軍国日本の束縛の下、曖昧な立場に耐えかね、また統制ある秩序の形成に失敗して不合理な判断と行動に至ったと考えられるのだろう。やりたくもない蜂起によって多くの犠牲をだした愚挙であると言う者もあろう。穏健派でありながら○を書いて投票した森木自身、出撃賛成が八割を占めたことを知るや、次のような反省の念に駆られている。

悔恨がひしひしと胸を嚙む。こうまでして死に急ぐ必要があるのだろうか。昨日まで、わずかながらさし始めていた〈生〉への希望を、私はなぜ簡単にすてて〈死〉を選んだのだろうか。やはり大勢に押され、よろめくように〈死〉に引き込まれたのであろう。〝卑怯者〟と言われることを恐れたのであろう。（同）

決行が決まった時も、森木の班は他班に比べ強硬派が少なく、静かだった。班長以下、決定には反対だったが、「それを言えないだけのこと」であった。明確に立ち現れてきた死を前に森木は、「心にもない、とは言い切れなかったが、自分の気持以上の見得を張った言葉」を傍らの同胞に投げかけていた。

「長い間お世話さまでした。みなさんにはいろいろとご苦労をかけました。いよいよお別れですが、南海支隊の一人として、また土佐人として恥ずかしくない行動をとりましょう」

（同）

それは彼自身が告白している通り、自分の気持ち以上のものであったかもしれないが、さりとて偽りの言葉というわけでもなかった。歴史の大きなうねりの中で、民族の運命と自らの心の傾きをぴったり重ね合わせられる方が稀である。全身全霊、自分より大きな存在に己を賭けて全力を傾注していけるほど、日本民族は幸福な地位にあったわけではない。避け得なかったぎこちなさを抱えながら、なおひとりの誠実な人間が善く生きようとしてひねり出した生き方こそが、悔恨に縁取られた〝○〟であり、〝土佐人として恥ずかしくない行動をとりましょう〟との言葉であった。

それは強硬派とて同じ事であろう。いくらかの欺瞞が見え隠れしたとはいえ、突撃ラッパで共に駆けだした彼らにとって、もはや強硬派も穏健派もなかった。そこには日本人として立派に生きたいという一念、そして死を恐れず運命に立ち向かうことを潔しとする美学があった。それは戦陣訓の鎧を脱いでもなお残る、彼らの生き方そのものであったといってよいのではないか。(6)

戦死した強硬派の人たちこそ本望であったろう。彼らは立派に戦陣訓を守り抜いたのだ。結果はどうであれ、日本軍人として純粋さを保って戦死した彼らを、私は尊敬した。出撃に心中反対であった穏健派の人たちも、死の瞬間は、当然日本軍人としての覚悟は立派にできていたと思う。(同)

既に述べたように、戦陣訓の精神には問題もあった。それがなければ或いは失われなくて済んだ命も多くあったことだろう。だが、その戦陣訓の精神も、また軍人勅諭の教えも、虚心坦懐に見れば武人の心構えを語るものとして立派な言葉である。それが近代国家の軍事システムに組み込まれ、状況の如何を問わず将兵の行動を規律してしまった為に数多くの悲劇を生じさせたことは反省せねばなるまいが、その訓えの祖型を成す精神そのものは、一様に唾棄されてよいものではない。それはたしかに、彼らの中に強制されたものではなしに棲息し、彼ら自身が同胞たちとともに暖め、育んだ生き方そのものであった面もあるのである。(7)

病棟地区にあってカウラ事件に参加しなかった橘誠一郎は、眼前で繰り広げられた同胞たちの悲劇を遠くから見つめていた。喊声に続く銃声、もんどり打って倒れ伏す戦友、あちこちに散らばって動かない骸……戦争で生じた無残な結末を目の当たりにし、その無益も虚しさも嫌というほど味わった彼をして、その生き方は戦後にまで尾を引いていた。(8) それは戦後の人が言うような戦争後遺症であり、戦前の陋習に過ぎないのであろうか。

戦争に関係のない人には、私も捕虜になったといえるが今でも戦友会や傷痍軍人会などでは絶対にいえない。そうした集まりでは、捕虜のホの字もいえない。捕虜にならなかった人びとのあいだでは、自分にひけ目を感じてしまう。「お前、軍属ならともかく、歓呼の声に送られて出征した帝国軍人ではないか」といわれそうな気がする。

だから、カウラで自決された人たちが、今あの世で、「お前来んのか」といっているような気がしてならない。なかには「橘、お前は病気になったんだから勘弁してやろう」といってくれている人もあるかも知れないが、やはり、「ここで待っているのになぜ来なかった」、「戦陣訓や軍人勅諭はどうしたか」といっているような気がする。(『カウラ日本兵捕虜収容所』)

酒巻和男の兵学校同期生で、戦後直木賞を受賞した豊田穣は九九式艦上爆撃機の操縦士として「い」号作戦に参加するため、一九四三年四月三日にラバウル陸上基地へ進出した。同七日、彼は祖川兼輔上飛曹とともにガダルカナル攻撃のため初陣を迎えるが、グラマンに撃たれエンジンに被弾、サボ島沖に不時着した。敵哨戒艇に拾い上げられた祖川は「分隊士、まだ舌を嚙まんでもいいんですか」と自決を口にするが、豊田は「まあ、一寸待て」と答え、双方とも捕虜となった。

この祖川（豊田の作中では佐川。以下佐川）は復員後、「どうも娑婆とそりが合わなくて……。軍人以外には使いみちのない人間だということがわかりました」と言って航空自衛隊に落ち着き、三等空佐で退官して伊東でマッサージ師となり暮らし始める。好男子だったが、人が勧めても独身で通していた。その佐川が昭和五十一年三月八日、アパートの一室で割腹自殺を遂げた。

「佐川さんは、トイレのなかで、包丁で、下腹を二十センチ近く切り、左手首を橈骨《とうこつ》に届くまで切り、右の首を切って頸動脈を切断しました。実に見事な割腹自殺です」

「トイレの壁一面にびっしりとダンボールをはりつけてですな、下には毛布を何枚も敷いて、丁度血が便器の方に流れるような形で死んでいたそうですな。座敷で腹を切ると、あとの人に迷惑がかかると考えたのでしょうな、あいつはそういう奴でした」

「それにしても、あのような見事な割腹は初めて見ました。署員一同感激しています。しかし、なぜ、今頃腹なんか切ったんだろうというものもいますが……」（『割腹』）

豊田（作中では武田。以下武田）にも分からなかった。自殺の報を電話で知らせた警官に聞けば、五通の遺書があるという。武田は小さな期待と不安を抱きながら自分宛の遺書があるか尋ねた。

「武田さんにはありませんな」

武田の身体から力が抜けていった。「その程度にしかおれのことを考えていなかったのか」との怨みがましい思いが腹の底にはあった。しかし、いったい何故佐川は割腹したのか。癌の宣告に前途を悲観したという話もある。武田は伊東を訪ねてゆく。

佐川と木更津で一緒だったという寿司屋の男は生前の佐川の言動を覚えていた。佐川は彼に、その生き方を話した。佐川はまさしく、戦前戦中と接続された戦後を、過ぎ去った時代と陸続きの人生を歩いていた。

「おれは、宇佐空にいたとき、生涯を誓った女がいた。女は結核で、おれが戦地に出る前に死んだ。死ぬ前に見舞ったおれは、生涯結婚はしないと誓ったんだ。だからその約束を破ることは出来ないんだ、と。それに、捕虜になって生き残った人間が、人並みな生活を送っちゃあいけないと思うんだともね」

武田だけではない。戦後の日本人は皆、過去と縁を切ることで前を向いて生きてきた。(9)グアムで投降した横田がしたように、過去を脱ぎ捨て、新たな生き方を獲得せんと歩き続けてきた。後ろは振り返らなかった。過去は忌まわしいものである。戦争に斃れた者は運の悪いことであった、だが立ち止まっているわけにもゆくまい。生き残った我々は過去と決別し、より良い明日を築いていこうじゃないか……。

武田は佐川の割腹により、その戦後の歩みを糺されることになった。彼の信じた戦後、いや、我々の信じた戦後において、佐川は一死を以て躓きの石となった。その生き方には、我々が置き去りにしてきた歴史の呼びかけが、国家の嘆きが、そしてなにより、民族の匂いが宿っていた。佐川が突きつけたものを前に、武田はひとり、もやいを外された小舟のように心許なく漂った。戦後をいくらか着実に歩いてきた武田の前に立ちはだかったのは、哀しい宿命に祝福された、かつての戦友の古めかしい生き方であった。

世間の大部分の人は、幸せに生きることに専念している。しかし、なかには、不幸になろ

うと希って生きて来た人間もいたのである。（略）

昭和十七年以来、足かけ三十五年にわたるつきあいであったが、最後に突き放されたのであった。

現代を生きる我々日本人とて、武田の感じた当惑と無関係ではいられまい。敗戦時、自身を育んだ故郷、すなわち生きることそのものであったはずの生き方全てに火を付けて一切合切を捨ててきた我々は、何かを失ったことにも気づいていない場合がほとんどである。

戦前と戦後の間には深い淵が存在している。橋すらかからぬのが常である。しからば、良きにつけ悪しきにつけ、自身の手で紡いできた日本の歴史は、敗戦を境に死に絶えてしまったのか。

昭和二十一年にハバロフスク収容所で自決した陸軍中将上村幹男は、その遺書にこう書き付けた。

日本は亡びた。日本の山河はあり、日本人は生き殘つてはいるが、日本の歴史は終り、日本の魂は朽ち果てた。日本の島に人間は唯豚の如く鷄の如く餌をあさつて生をつないでいるに過ぎない。（菅原道太郎『赤い牢獄』、以下同）

彼の目に映る戦後は、もはや彼の知る日本ではなかった。歴史を忘れ、国を忘れ、同胞とともに生きることを忘れた日本人は、もはや日本人でも何でもない、極東の島に棲息する一人種に過ぎないように思われた。

そして上村は、愛した日本とともに亡びることを選んだ。私は明確に言いたい、あのとき、日本は死んだのだ。上村だけではない、日本とともにあることを願った人間たちは、皆戦争の渦に呑み込まれていった。生き残った者とて、もはや永遠の過去を生きる遺物に過ぎなかった。日本という国、日本人という民族は、あの時過去になってしまったのであり、死んでいった者たちと我々を繫ぐ架け橋は、どこにも見出せやしないのだ。

上村自身は死なねばならない、日本が死んだのだからそれは避けがたい宿命であった。そしてその彼も、日本の再起を願うことをやめなかった。

萬が一、日本は再び立ち上る日があるのかも知れない。終戰の大詔にも忍び難きを忍び、耐え難きを耐え、列國と共に世界の進運に伍し國家の再興を圖《はか》れと仰せられている。私もそれを心の底から熱望する。しかしそれはこれからの次の時代を負う日本の若人の任務であり、理想である。一個の老日本人、囚虜上村幹男の形骸は茲に終末を告ぐべきである。

その必然ともいうべき断絶は、自身の無残な切り株から将来ひこばえが伸び出ることを願う切断であった。彼、否、悲痛な運命から朽ち倒れてしまった日本民族という老木は、自ら亡んでいくことを選びながら、その胸を占めるものは、次世代の再生を願う熱誠だったのである。

上村はその遺書の最後に次のように書いた。それは全てを諦め、全てを受け容れた男が後代に託した、同胞と祖国への見果てぬ夢であった。

日本ノ國土希クハ祖宗ノ遺訓ニ甦リテ新ナル道義ヲ確立シ、空シク異境ノ九天ニ彷徨スル予ノ魂魄ヲシテ歸趨スルトコロアラシメンコトヲ

一度は亡んだ彼らと陸続きの生を、私は同胞と共に、生きたいのである。

(1) フィリピンのクラーク基地において、或る病兵はあくまでも淡白に、まるでどこかへ立ち去るかのように自決を選んだ。

「銃口を口にくわえ、足の指で引き金を引いた。残された兵隊煙草『ほまれ』の空箱の裏の白地には、『天皇陛下万歳』『隊長お世話になりました。隊長の武運長久を祈ります』と書かれていた。遺書だった。自分を捧げ尽した兵士の精神に、小島は根底から衝撃を受けた。この兵士は家族にすら遺書を残していなかった」(『戦陣訓の呪縛』)

(2) 陸軍上等兵工藤清は次のように証言する。

「私は彼らの親切が命令や法律から来るものでなく、一人ひとりの本心からのものであることを疑ったことはありません。人間的に参ったナという感じです。捕虜の管理にあたったオーストラリア人は人間として本当にすばらしい人たちで、いろいろ教えられました」(『聞き書　日本人捕虜』)

また、蜂起が起きて濠側にも死者が出た事件後も濠人所員の態度には些かの復仇的傾向も見られなかった。川上という負傷した兵隊が入院してきた時のことである。

「彼も臀部を銃弾でえぐられていました。通常の方法では排便できないので腹部に穴をあけ、その部分へ腸を導き排便していました。そのため

包帯交換の際、特有の臭気が発散しますが、衛生兵たちはその都度『ベリーグッド、ベリーグッド』といって嫌な顔ひとつしないで、平然として任務を果たしている」(『カウラ日本兵捕虜収容所』)

(3)「二、三の班長が分離に不賛成、どうしても出撃するといい、金科玉条の如くに戦陣訓を持出す。軍籍に身のある者としてこれを否定する理由が見付からない。無謀の脱出をして素手で何が出来るかと言えば、戦陣訓に従い死あるのみと言い出すありさまで収拾がつかない」(堂市次郎『カウラ捕虜収容所脱出事件』より)

(4)強硬派が班長を務める班では無投票で賛成とされたとの証言もあるが、後に述べるように、穏健派と自認した者でもかなりの数のものが賛成票を投じており、この投票結果全体が強硬派の手による捏造であると断ずることは出来ない。

(5)強硬派が平素死を覚悟していたとしても、いざというとき、それも興奮と熱狂に任せて運命に身を委ねるでなしに平然とそれを受け容れることは、常人の能くするところではない。戦争では、偉人と凡人とを問わず、あらゆる人間が死に対する態度を問われたが、いかに死が身近な時代であっても、死をよく御することが困難であることに変わりはなかった。そして、それでもなお、彼らは戦ったのである。

「(筆者注:決死隊の編成にあたり)抜刀した隊長の指名がはじまった。わたしも今夜は絶対と意を決して隊長の顔を見たが、その目がつぎへそれてほっとした。どうせ戦死することは覚悟していたし、なんとか即死したいと願う気はあったが、いざ死地に向かう決断はなかなかできるものではない」(『松木一等兵の沖縄捕虜記』)

(6)戦記中には、いかに戦争と軍隊がいびつで醜悪な存在であったとしても、そこに戦い抜いた将兵の中には称賛に値する偉大な勇士が居たとする記載があちこちに隠れている。戦後の一億総懺悔の中でも、どうしても書きのこさねばならなかった戦友の面影なのであろう。我々が戦後の戦争批判、軍隊批判の中で葬り去り、忘れ去った最大のものは、彼らが民族と国家に対して為した至誠の献身であり、それを支えた戦う者の精神である。

「日本軍には立派な戦士も多かった。その思想の当否はとにかく、そういう人びとには私は無条件に頭をたれたい。将校とくに若い将校のなかにも私の経験したかぎりでも立派な人が多かったと言える」(『アーロン収容所』)

(7)我々は理解出来ない死を遂げた者の中に決して主体性を認めようとしない。それは迷妄か無知か、はたまた錯乱のはての異常行動と見做すのが常である。だが、次のような記述、それも米人によるものに触れるとき、これをいかに解するか。私は彼らの行為に掛け値のない畏敬の念を覚える。彼らの入り込んだ袋小路はたしかに救いのない無惨なものだった。しかるに、彼らがそこで見せた顔は、民族の誇りとして永遠に記憶されてよいものであったと思う。

「自決を選んだ在留邦人のなかの多数は、アメリカ軍に投降した他の在留同胞が抑留所のなかで、少しも敵対行為を受けずに安心して歩きまわっている光景をながめることができたのだ。海兵部隊がマルピ岬で在留邦人婦女子の投身自殺の大半を見かけた当日の一日中の間にも、その断崖の上にはラジオの拡声機がいくつも据えつけられていた。そしてすでに投降した在留邦人たちは、他の同胞に向かってよく待遇されるむねを説得しながら、投降するように大いにすすめたのであった。しかし、それでも日本人の自決をとどめることはできなかった。多数の日本人の間には、あらゆることにもかかわりなく、死のうとする強烈な推進力があるように思われた。これらのサイパン島の在留邦人の態度は、総員自決するまえに次のような文字を書きのこして玉砕したペリリュー島（内南洋のパラオ諸島の主島）の日本軍将兵の態度とよく似ているように見えた。『われわれは、わが屍をもって太平洋の防砦を築かん！』」（『サイパン』）

（8）すべての日本人が新たな生き方で戦後を迎えたのではない。戦前と接続した生き方は、戦後もなお其処此処で見る事が出来た。

「慰霊船は硫黄島を皮きりに、サイパンでの陸上慰霊祭、中・南部太平洋上での洋上慰霊祭を行い、ラバウルとガダルカナル、グアムでの陸上慰霊祭を行ってきた。暗い洋上で胸に花束をかかえ、じゅずを片手に祈り続ける老婦人、タバコに火をつけ暗夜の洋上につぎつぎ投下し祈り続ける老兵、『大空のサムライ』（坂井三郎著）に登場する笹井中尉の恋人だった婦人（独身を通している）の姿など、数々のドラマが船上で展開された」（『ソロモン収容所』）

或いは、こういう例もあった。一九四九年の元旦に硫黄島で投降した山蔭光福、松戸利喜夫（いずれも海軍兵）のうち山蔭は、体験記を執筆するため埋めてきた日記を取りに行きたいと希望して米記者とともに米空軍機で硫黄島に渡ったが、かつて日米両軍が激闘を演じた摺鉢山の山頂から「バンザイ」と叫んで身を投げたのであった。

また、濠側の尋問に「日本軍幹部は捕虜になるよりは死を選べと指導しているが、この方針は誤っている」（『日本人捕虜』）と書いた小島正雄軍曹も、カウラ事件ではバター箱を踏み台にして首を吊り、自ら死を選んだ。その小島が召集前に名古屋の栄屋デパートで出会い恋仲となっていた山下延子は、小島の生還を期待し続け戦後も独身を通した。彼女が小島の死を納得したのは、ようやく一九八〇年頃だったという。

（9）会田の次のような指摘を待つまでもなく、日本人はいつの日も過去に対して冷淡である。それはもはや、日本民族の習性と言ってもよいのではないか。

「日本人は、別に明治維新に限らず、昨日に対する態度は徹底的に酷薄である。古文化の価値を重んじるとか尊敬するとかいった心は毛頭持っていない。そう叫ぶ声はあっても、誰も心の奥底からそう信じている訳ではない」

「理由は判らないけれど『お母さんは古い』とか『時代がちがう』といわれれば、条件反射のようにしゅんとしてしまう。この考え方は現在に至ってもすこしも変っていない」

「日本にとって過去は骨董品でしかない。死物でしかない。利用できるところだけ利用しようとして過去に対しているに過ぎないのである」

（会田雄次『ヨーロッパ・ヒューマニズムの限界』）

あとがき

本書は『表現者クライテリオン』に掲載された連載「戦争を知らないオトナたち」に若干の修正を施し、大幅な加筆分と併せて一冊の書籍としたものである。執筆期間は概ね八ヶ月に渡ったが、朝な夕なに戦記を読み続ける生活は、私の中に辛うじて残っていた若さの全てを消費し尽くしながら、私の幼い記憶と前途に控えた老いとを次第次第に歩み寄らせていった。

そうしてこの本を書き終えた今、私は未だ味わったことのない落ち着きの中にある。どうやら私は、青少年期を通じて抱えてきた情念に幾らか回答を与えてやれたようだ。三十一年前に始まった私の歩みは、今やまったくその輪郭を溶かしてしまった。私の過去は、もっとずっと昔からやってくる気がする。それがたまらなく、快い。

思い返せば、風変わりなところのあった私は自分の生きる時代が信じられなかった。本当のものは昔にあるのだと信じた。それは誰から教えられたのでもないが、信仰に近い確信を伴っていた。私はその確信を時代にぶつけて生きてきたのである。

このとき、何故か私の脳裏にはいつも日本軍将兵が居た。どうやら私には、彼らが最後の日本人に見えた。幼い私に歌を聴かせるのは軍人であり、私の品行を糺すのも軍人であった。日本において徹底的に歪められ、忘れられた彼らが、私にとっては日本人の過去を代表する者たちですらあった。

しかるに、彼らが私に笑いかけたことはなかった。その顔は硬く、悲しんでいるのか、怒っているのか、じっとこちらを見つめては、くるりと背を向けられるような気がしてならなかった。

今にして思えば、このさみしさこそが私の人生を蔽う不安や不満の源であり、また戦後日本人の空虚を生んだ元凶ではなかったか。本書は私の中で、この不快が湧いてくる歴史の井戸を探す努力であった。これの少なくとも一つを探り当てたことは、限りない喜びである。決して微笑みかけてくれなかった英霊たちが、「おう、小僧、知ったような口をききやがって」と小突きながらも、笑いかけてくれているような気がする。車座になって飲み騒いでいる彼らの仲間に招き入れてくれるような気がする。そしてそのことが、涙が出るほど嬉しい。

顧みると私は、戦争との関わりが蒸発しきった世代に属する。街で傷痍軍人を見たこともない。パチンコ屋で軍艦マーチを聴いたことすらない。辛うじて生き残っていた戦争世代も、私が長じたころにはほとんどが鬼籍に入っていた。そんな時代にあって、戦記は唯一といってよい、戦争の手触りだった。戦後数多くの戦記を発刊し、戦争体験者の叫びを後世に遺してくれた国書刊行会や原書房、図書出版社、光人社などの出版社と、その刊行に携わった出版人各氏には、満腔の敬意と感謝を表する。

また、令和の時代にこのような連載ないし書籍が世に出られたのは、『表現者クライテリオン』という自由な言論の場があったおかげであり、掲載を許可するとともに、折に触れて声援をくれた藤井聡編集長、常に仲間として伴走しながら率直な感想をくれた編集部の浜崎洋介氏、並びにビジネス社の中澤直樹氏には、いつもながらあらためて御礼申し上げたい。

そして約半年間、一面識も無かった私の原稿に隅々まで目を通した上で心からなる激励と助言とを送って下さった長谷川三千子女史は本書執筆にかかる恩人であり、また、ともすれば塞ぎ込んだり苛立ったりしがちな私を常に気遣い、原稿の校正や表現の工夫にも協力を惜しまなかった妻智代はよき理解者であった。不肖な私を導いてくれた二人の女性に、衷心からの謝意をここに記しておく。

本書を書くことにより、私にもどうにか納得できる足場が出来たように思う。人に美しさが残っていた時代に後れてしまった寂しさを抱きながらも、父祖たちの記憶との出会いは幸福な経験であった。過去とともにある限りにおいて、もはや敗北や喪失は懼れるものではなくなった。歴史からの呼びかけに応え、国の歌を歌い、同胞を求めて生きる、この本がそういう人生の門出を飾るものとなることを、我ながら期待している。

本文中でも言及した松木謙治郎は、沖縄戦の激戦地だった前田高地で戦友たちの鬨の声を聞いた。

「突撃」

という腹にしみわたるような大声の号令と同時に、「ウワー」とも「ウオー」とも聞こえる悲壮な合唱を耳にした。

この声が台上を通り抜けるのは数分だったが、機銃は休みなくなりだした。銃声がやんでしばらくすると、台上から、

「天皇陛下万歳」

「天皇陛下万歳」

という全身の力をふりしぼったような声が聞こえてきた。ここで初めて、賀谷部隊の突撃が敢行されたことに気づいた。

わたしは以前から、兵隊同士の話で、戦死直前になっても、「天皇陛下万歳」とさけぶようなものはいない。「お母さん」と呼ぶものだと聞いていたが、賀谷部隊の勇士はたしかに、数十名全部が、

「天皇陛下万歳」

であった。中には、「賀谷部隊万歳」とさけぶものもあった。（略）

このときほど勇ましく悲愴な声を聞いたのは、わたしの人生で初めてで、おそらく最後と思われる。

人は真に恃みうる同胞を得てはじめて、共同体に帰順してゆく。仲間と共にあるときにこ

そ、日本の兵隊は天皇陛下に万歳を叫んで死んでいった。軍や時代が強いたのではない、戦友と我とを繋ぎうる言葉は、『天皇陛下万歳』でしかあり得なかったのである。

残念なことに『天皇陛下万歳』の絶叫は、この国に生まれ落ちた人間が日本人になり得た産声であると同時に、生物としての断末魔になった。『天皇陛下万歳』が『お母さん』の暖かい響きと共鳴出来なければ健全な国とは言えまい。日本において『天皇陛下万歳』は、今も昔もどこか後ろ暗いものを背負っている。

しかるに、『天皇陛下万歳』と何の屈託もなく言えたとき、我々日本人は永く失ってきた同胞を取り戻し、日本の国は共同性を恢復するのだろう。そうして初めて、日本は大東亜戦争で払った巨大な犠牲から正当な教訓を引き出し、反省の上に立つ国造りの歩みを始める。その先に築かれるものこそが、民族の歴史、いや、父祖たちの記憶とともにある国であろう。

そしてそういう国に、私は生きたい。

令和五年五月一日　泉下の友を思う日に

小幡　敏

【引用文献一覧】（初出箇所のみ／著者五十音順）

〈序章〉

会田雄次『ヨーロッパ・ヒューマニズムの限界』昭和四十一年、新潮社
伊藤整『太平洋戦争日記』昭和五十八年年、新潮社
尾川正二『野哭　ニューギニア戦記』昭和四十七年、創元社
合衆国戦略爆撃調査団『太平洋戦争始末記』昭和二十五年、ジープ社
野呂邦暢『失われた兵士たち』昭和五十二年、芙蓉書房
丸山豊『月白の道』昭和六十二年、創言社
吉田満『戦艦大和ノ最期』昭和四十九年、北洋社

〈第一章〉

伊藤正徳『帝國陸軍の最後（決戦編）』昭和三十五年、文藝春秋新社
植松仁作『地の果てに死す』昭和五十一年、図書出版社
尾川正二『極限の中の人間』昭和四十四年、創文社
奥村明『セレベス戦記』昭和四十九年、図書出版社
金本林造『ニューギニア戦記』昭和四十三年、河出書房
津布久寅治『魔境　ニューギニア最前線』昭和五十七年、叢文社
間嶋満『地獄の戦場　ニューギニア戦記』昭和六十三年、光人社

〈第二章〉

会田雄次『アーロン収容所』昭和四十八年、中央公論社
浅原正基『苦悩のなかをゆく』平成三年、朝日新聞社
生田正隆『ウラジオストック　トウキョウ　ダバイ』／「シベリアの悪夢」所収（昭和五十六年、国書刊行会）
伊東六十次郎『民族のいのち』昭和四十三年、民族建設研究所

今立鉄雄『日本しんぶん―日本人捕虜に対するソ連の政策―』昭和三十二年、鏡浦書房
内村剛介『失語と断念―石原吉郎論』昭和五十四年、思潮社
御田重宝『シベリア抑留』昭和六十一年、講談社
香川文雄『続・北槎記略』昭和五十三年、私家版
河野卓男『シベリヤ抑留記』昭和四十九年、原書房
小池照彦『赤い星の下に陽を求めて』昭和二十二年、私家版
小松茂朗『シベリヤ黙示録』昭和六十年、光人社
崎田正治『シベリア抑留回想記』平和祈念展示資料館資料
佐藤清『シベリア虜囚記』昭和五十四年、未来社
菅原朝喜『シベリア・一九四五年八月十五日』昭和五十九年、私家版
ソ連帰還者生活擁護同盟『われらソ連に生きて』昭和二十三年、八月書房
淡徳三郎『敗戰の祖國を愛す』昭和二十四年、北隆館
富永正三『あるB・C級戦犯の戦後史』昭和六十一年、水曜社
西元宗助『ソビエトの真実』昭和五十五年、教育新潮社
野澤恒夫『岸壁の日まで』昭和六十一年、佐々木印刷株式会社出版部
日浦純一『虜囚記』／「望郷の叫び」所収（昭和五十六年、国書刊行会）
前野茂『生ける屍Ⅰ』昭和三十六年、春秋社
松﨑吉信『白い牙』昭和五十四年、叢文社
三浦庸『シベリヤ抑留記―一農民兵士の収容所記録』昭和五十九年、筑摩書房
水谷泱司『日本人捕虜収容所』昭和五十四年、自由国民社
山科美里『ラーゲル流転』昭和五十六年、私家版
米田好男『シベリア・タイガの捕虜』平成二年、ぶんしん出版
『きらめく北斗星の下に』平成元年、シベリア抑留画集出版委員会

〈第三章〉

ウルリック・ストラウス『戦陣訓の呪縛　捕虜たちの太平洋戦争』平成十七年、中央公論新社

大谷敬二郎『捕虜　生きて虜囚の辱めを受けず』昭和五十三年、図書出版社
大槻巌『ソロモン収容所』昭和六十年、図書出版社
岡田録右衛門『PWの手帳　比島虜囚日記』昭和五十七年、国書刊行会
岡谷繁実『名将言行録』昭和五十五年、教育社
沖野亦男『生ける屍の記』昭和二十一年、東方書房
オーティス・ケーリ『よこ糸のない日本』昭和五十一年、サイマル出版会
河村参郎『十三階段を上る—戦犯処刑者の記録—』昭和二十七年、亜東書房
小松真一『虜人日記』昭和五十年、筑摩書房
坂口安吾『堕落論』昭和二十一年、「新潮　第四十三巻第四号」
酒巻和男『俘虜生活四ヶ年の回顧』昭和二十二年、東京講演會
酒巻和男『捕虜第一號』昭和二十四年、新潮社
ジェコブ・デシェーザー『私は日本の捕虜だった』昭和二十四年、有恒社
ジョナサン・ウェンライト『捕虜日記』昭和四十二年、原書房
鈴木伝三郎『延安捕虜日記』昭和五十八年、国書刊行会
大東研究所編『大東亜戦争　敵俘虜の手記』昭和十九年、大日本雄弁会講談社
デリク・クラーク『英国人捕虜が見た大東亜戦争下の日本人』平成三十一年、ハート出版
永瀬隆・吉田晶編『カウラ日本兵捕虜収容所』平成元年、青木書店
秦郁彦『日本人捕虜』平成十年、中央公論新社
ハンク・ネルソン『日本軍捕虜収容所の日々』平成七年、筑摩書房
日比野清次『レムパンの星』昭和二十四年、香柏書房
吹浦忠正『聞き書　日本人捕虜』昭和六十二年、図書出版社
吹浦忠正『捕虜の文明史』平成二年、新潮社
本田忠尚『マレー捕虜記』平成元年、図書出版社
松木謙治郎『松木一等兵の沖縄捕虜記』昭和四十九年、恒文社
間中喜雄『PWドクター』昭和三十七年、金剛社
宮永次雄『沖縄俘虜記』昭和五十七年、国書刊行会

森木勝『暁の蜂起』昭和五十七年、国書刊行会
山田信治『捕われし参謀』昭和三十二年、九段社
横田正平『玉砕しなかった兵士の手記』昭和六十三年、草思社
ルイス・ブッシュ『おかわいそうに』昭和三十一年、文藝春秋新社
『常山紀談』／「古事類苑」所収（昭和九年、古事類苑刊行會）
『總見記』／「古事類苑」所収（昭和九年、古事類苑刊行會）

〈終章〉
大岡昇平『俘虜記』昭和四十二年、新潮社
清水寥人『レムパン島』昭和四十九年、あさを社
巣鴨遺書編纂会編『死と栄光』昭和三十二年、長嶋書房
菅原道太郎『赤い牢獄』昭和二十四年、川崎書店
堂市次郎『カウラ捕虜収容所脱出事件』昭和四十七年、「新評　1972年8月号」
豊田穣『割腹』昭和五十四年、文藝春秋社
中野不二男『カウラの突撃ラッパ』平成元年、文春文庫
藤川正信『戦陣訓とカウラ事件』／「カウラ日本兵捕虜収容所」所収（平成元年、青木書店）
ロバート・シャーロッド『サイパン』昭和三十一年、妙義出版

その他、多くの示唆と教訓を与えてくれた戦記とその著者、そしてこの国の為に戦い、散っていった全ての戦歿者に対し、満腔の敬意と哀悼の意をここに表する。

【著者略歴】
小幡　敏（おばた・はや）
平成３年生まれ。福岡県出身。麻布高等学校、東京大学文学部思想文化学科倫理学専修課程卒業後、陸上自衛隊入隊。幹部候補生学校（福岡県久留米）、第15旅団第15高射特科連隊第４高射中隊（沖縄県糸満）、在日米陸軍司令部隊付（神奈川県座間）等を経て、令和２年除隊（二等陸尉）。令和元年に表現者賞を受賞。著書に『「愛国」としての「反日」』（第５回日本再興大賞優秀賞受賞・啓文社書房）がある。

忘れられた戦争の記憶

2023年８月１日　第１刷発行

著　者　小幡　敏
発行者　唐津　隆
発行所　株式会社ビジネス社
〒162-0805　東京都新宿区矢来町114番地
神楽坂高橋ビル5F
電話　03-5227-1602　FAX　03-5227-1603
URL　https://www.business-sha.co.jp

〈装幀〉神長文夫＋坂入由美子（ウエル・プランニング）
〈本文組版〉有限会社メディアネット
〈印刷・製本〉半七写真印刷工業株式会社
〈編集担当〉中澤直樹　〈営業担当〉山口健志

ISBN978-4-8284-2540-5